イラストで見る 全活動・全行事の 学級経営のすべて

小学校 1年

熱海康太 編著

東洋館出版社

はじめに

本書を手に取られた、初めて１年生を担当される方、また久しぶりに担当される方。期待とともに不安も抱えているのではないでしょうか。１年生の子どもたちは、他の学年と違って小学校のことを何も知りません。ですから、学校のルールや学習の仕方について一から丁寧に伝えていかなくてはいけません。子どもによって学習歴や集団生活を行ってきた年数も異なるので、個別の対応がより重要になってきます。これがうまくいかないと「１年生には日本語が通じない」「トラブルばかりが起きる」となり、学級の荒れにつながってしまいます。

でも、安心してください。本書は、できる限りそのようなことがないように、有効なアイデアを載せています。入学式から２年生に送り出すまでの学級経営の方法を、月に分けた項目ごとに解説しています。「よくある困った」を「有効な指導のアイデア」によって「子どもたちの成長」につなげられるようにしています。

本書は言うなれば、あなたのお守りです。入学式まで時間がなくとも、４月の部分だけ読めばかなり安心を実感できるでしょう。１年間の学級経営の流れを網羅していますので、通して読むことで年間の見通しをもつこともできます。何か困ったことがあったときに、辞書的に使っていただくことも有効です。

そして、本書では「具体的な指導方法の提示」にこだわっています。月ごとのページのみならず、理論や概論ページにおいても、できるだけ多くの具体的実践を示しています。執筆いただいた先生方は、それぞれの実践のスペシャリストです。抽象的にならず「明日から使える」方法が満載です。本書を読むことで、豊富な指導の引き出しを備えることができるでしょう。

「４月から頑張りたいけれど不安」「１年間の見通しをもって指導したい」「学級を立て直していきたい」「できるだけ多くの指導技術を学びたい」そんなあなたにぴったりの１冊です。この本を読み、多くのアイデアを備え、子どもたちとの毎日が笑顔溢れるものになることを願っています。

熱海康太

本書活用のポイント

本書では、４月から３月まで毎月どのような学級経営を行っていけばよいか、各月の目標・注意事項を解説しています。また、学級経営の具体的なアイデアを、イラストをもとに、どのクラスでも運用できるような形で紹介しています。ぜひ、ご自身のクラスでも実践してみてください。

■本書の見方

月初め概論ページ

安心感を主軸にすえた学級経営

▸４月の目標 ①

６年間の小学校生活のスタートである４月。子どもたちがこの４月を居心地よくワクワクした気持ちで過ごすことができたなら、この１年間はもちろん、これから始まる小学校生活全体に大きな期待感を与えることができるでしょう。では、この大事な１カ月間を組織するにあたって、どのような点に留意すればよいでしょうか。キーワードは「安心感」です。

子どもも保護者も教師も「安心」を軸に

米国の主要IT企業の一つ、Googleでは、業績向上の最優先事項として「心理的安全性」の保障を掲げています。自分の気持ちや意見を気兼ねなく表出することができる環境を整えると、チーム全体の創造性が高まっていくというのです。新しいスタートの４月。「分からない」を「分からない」と言い合える土台づくりを意識することが重要です。

●子どもたちの安心

新しい教室に新しい友達、新しい先生。子どもたちは期待感と同時に大きな不安を抱えて入学してきます。何をするのか、どこに何があるのか、困った時にはどうすればよいのか。一人一人が一歩先の「見通し」をもてるように指導することが、子どもたちの安心にとって非常に重要です。

●保護者の安心

保護者は学校の最大の協力者でありパートナーです。保護者の安心が子どもたちの安心、そして教師・学校の安心へとつながります。お便りなどによる情報提供や個別の連絡、また「相談しやすい先生・学校」であるように、４月の早い段階で保護者向けにメッセージを発信するとよいでしょう。

●教師の安心

子どもたちや保護者に「安心」を提供する教師自身が一番多忙で不安だという状況に陥らないよう、可能な範囲で４月以前から計画を始めましょう。また、４月に行うべき指導事項や行事については、優先順位を時系列でToDoリストにまとめておくと、教師の安心につなげることができます。

注意事項

４月はとにかく多忙です。特に１年生担任は「一から」教えるべきことが多岐にわたるため、その忙しさは想像を絶するものがあります。計画通りに全てをやり遂げようとせず、一つ一つを丁寧に、慌てずじっくりと余裕をもって進めていく「心のゆとり（安心）」がとても大切です。

22　4月　安心感を主軸にすえた学級経営

実話で語る「安心」の生み出し方 

▸ねらい　**子どもたち、保護者、教師　三者の「安心感」を得る**

ここまで、小学１年生の４月を円滑に舵取りするにあたって、「安心感」が大事な指標の１つであることについてお話ししてきました。ここでは、私自身のこれまでの経験から「安心」につながる３つの事例についてご紹介します。

安心を引き出す事例

●笑顔のピエロ

教師３年目、初めて１年生の担任を受け持った時の話です。まだまだ未熟だった私が心がけていたことは、「いつも笑顔！　ユーモアあふれるピエロのように」でした。笑顔は「安心」を生み出す最大の武器です。教室を縦横無尽に移動して子どもたちの注目を集める。表情は恥ずかしいくらいに大げさに。時には小道具を用意したり、パントマイムをしたり。子どもたちに「先生のお話は楽しい」「また聞きたい」と思わせることで、自然と話を聞くマナーを養うことができました。

●魔法の温かいミルク

ある朝、女の子の保護者から学校に電話がありました。理由は分からないけれど、学校に行きたがらないとのこと。女の子に電話を代わってもらうと、私はこう語りかけました。「先生も１年生の頃、学校に行きたくなくなっちゃったことがあるんだけど、お母さんがあったかいミルクを作ってくれてね。飲んだらびっくり！　元気が出て学校に来ることができたの」。その後、彼女は少し遅れて無事登校することができました。お母さんに魔法のミルクを作ってもらったのだそう。数年後、保護者から当時の対応が大変ありがたかったと感謝のお言葉をいただきました。

●コントロールしない勇気

北欧デンマークに学校視察に行った時のこと。現地の先生の言葉で印象的だったのが「子どもをコントロールしようとしない。そもそもそんなことはできない」というもの。私たち教師は、子どもたちに「あるべき」姿を過度に期待し、そうならないことに不安やストレスを感じてしまいがちです。「安心」な環境の中で、子どもたちを「導き促す」視点が必要なのかもしれません。

事例から学ぶポイント

さて、これらの事例から学ぶポイントは何でしょうか。私は「遊び」ではないかと考えています。「ユーモア」という意味での「遊び」が必要であると同時に、「余白・余裕」という意味での「遊び」をもつことが重要です。

23

① 目標・注意事項

その月の学級経営での目標、考え方、注意事項を紹介しています。月ごとに何をやるべきなのかを学年で共有する際、このページが参考になります。１年間というスパンで子ども・クラスの成長を捉える中で、月ごとにPDCAを回していきましょう。

② 月のねらいに合わせた実践例

ここでは、その月のねらいを達成するための実践例を紹介しています。教師の言葉かけからゲームなど、幅広い内容となっています。自身の学級経営にマンネリを感じてきたら、ぜひ、ここでのアイデアを実践してみてください。

学級経営アイデア紹介ページ

APRIL 4

4月 5月 6月 7月 8月 9月 10月 11月 12月 1月 2月 3月

入学式準備

▶ねらい

入学式の準備を全職員で協力しながら見通しをもって行う。

▶指導のポイント

入学式は、小学校６年間のスタートとなる大切な行事です。教師以上に、子どもたちや保護者は大きな期待と不安を胸に抱いていることでしょう。一方で、４月のはじめは、慌ただしい毎日が続きます。見通しをもって準備をすること、最終確認をしっかりして誤りがないようにすることがとても大切です。

▶計画的な準備を

短い春休みですが、入学式に向けてやることはたくさんあります。関係する職員との打ち合わせ、幼稚園や保育所との引き継ぎなど、連携を図りながら計画的に準備をしていきます。準備に漏れがないように、チェックリストを作り共有するとよいでしょう。リストは、職員室の見えるところに貼っておきます。いざ、配付物をひとまとめにしようとした時に、準備していないお便りがあった、などといったことがまれにあります。進捗状況を学年だけでなく他の職員にも知ってもらうことが大切です。

また、昨年度の１年生担任にも事前に話を聞きましょう。特別支援学級に新１年生がいる場合には、支援級担任ともしっかり連携していかなければなりません。どんな１年生になってほしいか、学年団で話し合いながら、まだ見ぬ子どもたちとの出会いを想像し、準備を計画的に進めていきましょう。

4 ▶チェックリスト作成の例

入学式前のチェックリスト

□名簿作成　作成後チェック
□幼稚園・保育所などからの資料の確認
□出席簿の作成
□教室環境整備
□入学式の細かい案の作成と共有
□入学式の次の日から使う教材の発注
□入学式当日に使う資料作成
・担任名の掲示　・名札への名前の書き方
・トイレの使い方　・学校の決まり
・姿勢　・話の聞き方、話し方
・机、ロッカーの使い方
□入学式当日の配付物の確認
□入学式のしおりの作成
□入学式当日に子どもや保護者に話す内容と練習

準備の流れ 3

01 教室環境を整える

しっかり清掃と安全確認をします。机にささくれはないか、壁に画びょうの針部分だけ残っていないか、細やかにチェックしましょう。

子どもたちがスムーズに身支度や片付けができるように、物をしまう場所も動線を考えながら準備しましょう。

02 名簿を作成し、慎重に確認する

☑漢字
☑読み仮名
正確？

入学式当日に掲示・配付するクラス名簿や通学班の名簿などを丁寧に確認します。ここでの誤りは、学校への信頼感に関わるものです。漢字や読み仮名などを慎重に複数人で確認しましょう。

03 当日の流れを確認する

入学式の流れ…
何を話すか…

入学式当日の動きを検討し確認します。当日、保護者と子どもたちはどのように移動し、何をするか、入学式とそのあとの学級指導で話す内容、子どもたちがトイレに行くタイミングと方法など、細かなシナリオを準備し、学年以外にも関係する職員で確認します。

04 幼稚園・保育所との連携

○○ようちえん

幼稚園や保育所から入学してくる子どもたちについては、事前に情報の引き継ぎをしていることと思います。集団の中で話を聞くのが苦手な子、健康上配慮を要する子など、改めて情報を確認します。必要に応じて支援の手だてを準備しておきましょう。

24　4月 入学式準備　25

3 活動の流れ

紹介する活動について、そのねらいや流れ、指導上の留意点をイラストとともに記しています。その活動のねらいを教師がしっかりと理解することで、教師の言葉かけも変わってきます。この一連の活動で、その月の学級経営の充実を目指していきます。

中心となる活動・場面など

紹介する活動において、中心となる活動や場面、教材、板書例などに焦点を当て、活動の大切なポイントを解説しています。その後のゴールのイメージをもつ際に役立ちます。学級経営では、子どもの発言を受け止める、つぶやきを大切にする、温かな言葉かけが大切です。

もくじ

第1学年における学級経営のポイント

1

1年生は どのような学年？

1 初めての小学校生活

1年生にとっては、初めての小学校生活です。他の学年では当たり前のことを、全て一から丁寧に伝えていかなくてはなりません。これが疎かになってしまうと、配ったお便りがいつまでもくしゃくしゃに机の中に入っている、休み時間が終わっても多くの子が教室にいない、廊下で走り回りけがをする子が出る、おしっこが小便器の横にしてあるなど、様々なことが起こってきます。一つ一つ具体的に見本を示しながら、伝えていく必要があるのです。

例えば、お便りを配付する場合であれば、①1枚取る②他の手紙を後ろの友達に渡す③目を見て「どうぞ」と言う（「ありがとう」と受け取る）④手紙のはしとはしを合わせて折る⑤連絡袋に入れる、といった細分化した指導が必要になります。ここで、①②③を合わせて「1枚取って、後ろの友達に『どうぞ』と渡しましょう」と指示してしまうと、途端に分からなくなってしまうのが1年生です。また、帰りの会では机の中にお便りが残っていないか確認するとともに、保護者にも連絡袋を毎日確認してもらうお願いをしておきましょう。このように、1年生の子どもたちには丁寧な指導が繰り返し必要になるのです。

2 0からスタートではない

子どもたちは小学校生活について、分からないことだらけです。しかし、分からないのはあくまで小学校のルールやマナーについてです。1年生の子どもたちは、3月までは幼稚園や保育所で頼れる年長さんとして活躍していたはずです。幼稚園や保育所の数年間で、子どもたちは生活に関する多くのことを学んできました（園に通っていなかった子もいますが、家庭での生活経験はあるはずです）。自分のことでしっかりできることもあれば、様々なアイデアをもっていることもあります。

教える際には、どうしても一方通行になりがちですが、子どもたちと相互にやりとりを行いながら、今までに培ってきた成長を認め、指導を行っていきたいものです。馴染みの生活習慣のことであれば「今まではどのようにしてきたの？」「よいやりかたを知ってる？」と自主性を引き出すような声かけを意識していきます。

3 個人差が大きい

「０からスタートではない」ということを示しましたが、ではどこからスタートなのかといえば、実に個人差が大きいのが１年生です。もう先の学習まで先取りしてしまっている子から、まだひらがなを知らない子もいます。学習面はよくできて多くのことを知っていても生活習慣がおぼつかない子もいれば、身の回りのことをさっさとこなす子もいます。また、そのようなしっかりした子でも、学校に来ることに不安をもっていて、心のケアが必要な場合もあります。さらには、発達に課題を抱える子もいます。

このように、個による違いは顕著です。ユニバーサルデザインの視点で誰にでも分かりやすい工夫を行うとともに、一人も取りこぼさないというインクルーシブ教育の観点がより重要になってきます。一人一人に対して、笑顔で明るく丁寧な励ましを行っていきましょう。さらには、子どもたちだけではなく、不安感のある保護者のケアもこまめに行っていく必要があります。

4 意欲が一番高い学年

間違いなく１年生はどの学年よりも意欲が高いです。４月には「いつ勉強が始まるの？」と毎日のように聞かれますし、「○○をやりたい人？」と聞けば多くの子どもたちが手を挙げます。このような子どもたちの素晴らしい意欲を上手に生かした、学級経営を心がけたいものです。

子どもたちの意欲を発揮させるには「安心感」がキーワードになってきます。まずは、先生がいつも温かく包み込んでくれる雰囲気が大切です。１年生の教室では多くのハプニングが起こることがありますが、それも含めて笑顔で包み込めるといいでしょう。そのためには、深い人間性だけではなく、多くのことに対応できるような指導技術を備えておくことが大切になります。本書に書かれている指導技術を習得することで、先生自身に余裕が生まれ、安心感のもとを得ることができるでしょう。

〔参考文献〕松村英治・寳来生志子著、嶋野道弘・田村学監修（2020）『小学１年スタートカリキュラム＆活動アイデア：育ちと学びを豊かにつなぐ』明治図書出版

１年生は一番意欲の高い学年

１年生の子どもと関わる際の基本的な考え

1 安心感

前ページでも少し触れましたが、１年生の子どもと関わる際に、真っ先に意識したいことは「安心感」です。１年生の子どもたちには、学校生活に対して大きな期待がある一方で、「うまくできるかな」「怒られないかな」と不安に思う気持ちがあることを常に考慮しておきましょう。

ここでは「安心感」についてさらに具体的に見ていくために、マズローの５段階欲求階層の視点から考えていきましょう。マズローは人間の欲求を「生理的欲求」「安全の欲求」「社会的欲求」「承認欲求」「自己実現の欲求」の５つに分かれているとしました。人間は、これらを順に満たしていくことが必要で、一足飛びに長期的な目標である「自己実現の欲求」を満たすことはできないという考えです。

ここで１年生にまず必要な「安心感」は、「生理的欲求」と「安全の欲求」が満たされるということでしょう。「生理的欲求」は学校生活でいえば、トイレを我慢しないで行くことができる、水分補給ができるなどです。まだ自分の体調について、上手に言葉にできない子も少なくありません。定期的にトイレに行く時間や水分補給の時間を取らないと、必要以上に我慢してしまうことがあります。体調不良をうまく言語化できずに、突然吐いてしまう子もいます。このようなことが続くと、安心感を得ることはできないでしょう。まずは、一人一人の健康状態に留意をして、早めの声かけを心がけたいです。

「安全の欲求」については、身体的な安全と心理的な安全を満たす必要があります。学校は多くの人が集まって暮らしているので、家とは違う危険があります。ですから、安全に過ごすためにいくつかのルールがあるのです。例えば「廊下を走らない」はその一つでしょう。これらのルールがある理由を丁寧に理解させていくことで、「けがや事故なく過ごせそう（身体的な安全が確保されている）」ということを子ども自身が理解することができます。ルールを教えるだけではなく、どうしてそのルールがあるのかをみんなで考えていくことで、安心感を得ることができるというわけです。

そして、心理的な安全を子どもたちが感じることも大切です。分からないことや失敗してしまうことがあってもいいんだという雰囲気や、どんな自分でも受け入れてくれる先生がいるんだという温かさを意識していきたいものです。

2 褒めよう

とにかく褒めるということも１年生には大切です。どんな頑張りも当たり前とせず、小さな成長を認めて褒めるのは教師の技術の一つです。例えば、クラス全体が時間に間に合っていない時に、叱るのではなく、時間を守れている子を褒めることで気付きを促していくといいでしょう。

「褒め過ぎると、褒めないとできない子になるのではないか」とよく聞かれることがあります。確かに、６年生まで「褒める→動く」になってしまうと主体性の成長は図れません。しかし、１年生に関しては、とにかく褒めまくることです。主体性を育てるためには、根底に安心感が必要です。その安心感が確かにあるのだと確信させ、様々なことに自由に挑戦させるためには、まずは教師による褒めが必要不可欠なのです。

これは保護者に対してもそうです。初めての小学校で課題ばかりを伝えられても不安になりますし、「うちの子のよさを分かってくれていないのでは」という気持ちになります。どうしても課題を伝えなければならない時は、先にその子のよいところを存分に伝えてから話すようにするといいでしょう。

3 ネガティブで終わらせない

そうはいっても、厳しく言わなければならない場面があることは否定しません。ただ、大切なことは、ネガティブなままで終わらないということです。「○○ができなかったね、気を付けなさい」で終わるのではなく「○○ができなかったね。どうしようか？……（子どもが返答）ちゃんと考えることができたね。素晴らしいです」とプラスの方向性で終わるということです。同じように、あまりいいことがなかった日には、帰りの会でちょっとしたゲーム（じゃんけんだけでも）をやって、楽しい気持ちで１日を終わらせるということは「学校は楽しい」と思わせる上で重要になるのです。

「生理的欲求」と「安全の欲求」を満たすことが安心感につながる

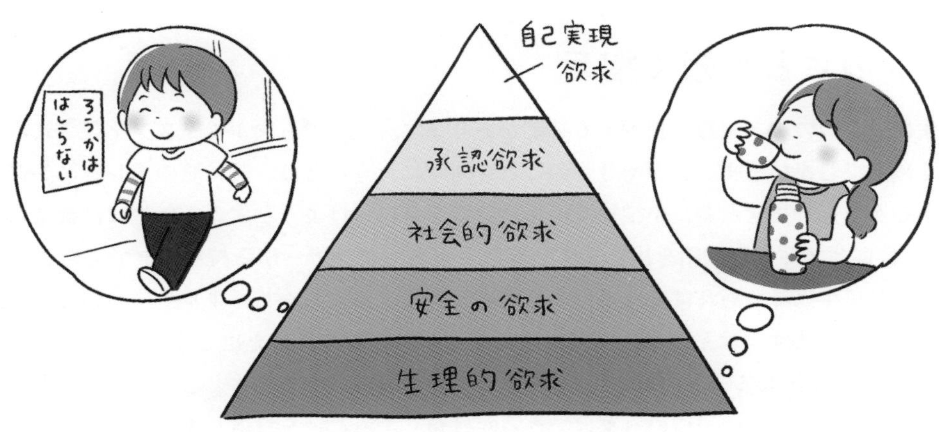

1年生の学級経営の基本

1 視覚化

１年生はまだ抽象化が苦手です。「頭の中で考えて聞こうね」はできるだけ避けるといいでしょう（もちろん、２年生に向けて意図的に少しずつ練習していくことは必要です）。言葉とともに、目でも見える形で示すことが、指導をよく通らせるためのコツです。

例えば、「ほうきをロッカーにしまう時はそろえて入れます」という説明をしたとします。大人や上の学年の子どもであれば、「ロッカーの形がこうで、ほうきが傷まないようにするから、このようにそろえよう」と考えることができます。しかし、１年生はそのような周辺状況を把握していないことが多いので、「そろえる」イメージがそれぞれ違ってくるかもしれません。それに「そろえる」という言葉さえよく分かっていないことがあります（１年生は、頑張りたいという気持ちが強いので、よく分からないことでも分かったふりをしてやろうとしてくれることが多いです）。このようなことが理由で、「指示をしたのに全然伝わらない」「日本語が通じない」という事態が起きるのです。

これを解決する方法は簡単で、ロッカーに「ほうきをそろえてきれいな状態になっている写真」を貼っておけばいいのです。そうすれば、認識の違いが生まれる余地はなく、また「そろえる」という言葉が分かっていなかったとしても、見ることで理解することができます。これらはユニバーサルデザインの視点からも重要な手だてです。

2 1つのことを短く指示

１年生には１つのことを短く指示する必要があります。大人でもマルチタスクを課されると能力は大きく落ちてしまいます。２つや３つのことを同時に行うことは、時に脳のトレーニングになることはあるかもしれませんが、小学校での生活習慣を身に付けようとする１年生には馴染みません。「算数の教科書とノート、筆箱を出します。算数セットもロッカーから持ってきてください」という指示は、２年生以降であればまだ通用するかもしれません。しかし、１年生においては混乱のもとになってしまいます。はじめは、面倒に思えても「算数の教科書を出します」「算数のノートを出します」「筆箱を出します」「算数セットをロッカーから持ってきます」と分けて指示をするのがいいでしょう。また、一つ一つの言葉はできるだけ短くすることを意識しましょう。

3 選択肢を示す

１年生は学校のルールを知りません。知らないことに関しては、明確に選択肢を示してあげることが大切です。例えば、忘れ物をしてしまった時に本人に「どうする？」と聞いてもあまり意味はないでしょう。幼稚園や保育所の時の経験で様々答えてくれるかもしれませんが、その園のルールと小学校のルールが異なる場合、理解は煩雑になってしまいます。「ノートを忘れたら、この紙を使います」「教科書を忘れたら、先生から借ります」などと事前に教えておくことで、「先生、貸してください」が初めて言えるのです。

一方で「手を洗う時はどうする？」「椅子はどのように座る？」など、より生活に近い部分は、０からスタートではないので、子どもたちのこれまでの経験を引き出してあげたいです。

4 先生が愛す

低学年で、クラスからはみ出してしまう子に対して、いじわるが起きることがあります。これについては、効果の高い処方箋があります。それは、先生がはみ出しがちな子を全力で愛してあげる、というものです。

１年生の子は、先生のことが大好きです。物知りで、自分にできないスポーツや楽器ができる先生に憧れを感じています。子どもたちは先生に認められたくて、頑張っていることも少なくありません。そんな先生が大切にしている人や物を、子どもたちも大切にするようになります。

先生が一番大切にすべきなのは、言うまでもなく子どもたち一人一人の存在です。担任の先生が全員をもれなく愛して、包み込み、大切にしているのならいじわるは起きにくくなります。人間関係のトラブルが起きた時には「愛せているか」という根本を振り返ってみることも大切でしょう。

1年生に視覚化は大切

１年生の授業と学級経営

1 全員参加

本書は学級経営の本ですが、授業についても切り離して考えることはできません。なぜなら、小学校生活の多くの時間は、授業時間だからです。授業をよい時間にすることによって、学級の生き生きとした雰囲気が生まれ「学校は楽しい！」につながっていくのです。

１年生の学習は、基礎・基本が主な内容です。これは大きく言えば、生涯にわたっての学習のもとになるものです。言葉や数の概念などで生活の中である程度理解していると思える内容もありますが、表面的な理解にとどまらず、丁寧に深めていきたいものです。このような学習で大切になってくるのは、全員参加です。

多くの子どもが学習に参加し様々な意見を交わすことによって、物事を多面的に理解できるようになります。学習の全員参加により、家庭や個別での学習にはない集団での学びのよさを享受させることができるのです。

１年生は、学習への意欲が高く、内容もそこまで難しいものではないので学習の全員参加を実現しやすい学年です。ただ、学習歴に差があったり、集中力が保ちづらかったりすることはあります。全員参加を目指しても、少しずつ取りこぼしてしまうということはあるでしょう。

そこで、少なくとも「授業の最初は全員発言できる活動を用意する」ことを意識していきましょう。授業の最初の５分に全員が参加できる常時活動を行うのです。例えば、国語であれば「『あ』から始まる言葉を集める」、算数であれば「身の回りの『１』を探す」、音楽なら「ミッキーのものまね大会（裏声の練習）」といった感じです。

初めの日に「『あ』から始まる言葉」、次の日「『い』から始まる言葉」を探させると、次の日にはもう授業が始まる前から「『う』から始まる言葉」を探している子がいます。これらの活動であれば、だれでも１つは言葉を探すことができますし、得意な子はたくさん探して楽しい時間になります。授業の最初に「必ず参加できる」ことを保障しておけば、学習の意欲は毎時間ごとに保たれ、より全員参加を実現しやすくなるのです。

2 1授業を３ブロックで考える

１年生が45分間、集中し続けるのは難しいことです。そこで15分を１つの内容として、活動を切り替えていくのがおすすめです。例えば算数であれば、最初の15分で「常時活動と、百玉そろばんの暗唱」、次の15分で「たし算の学習」、最後の15分で「計算練習」のようにするのです。45分一本勝負ではなく、１授業を３つに分けて考えておくと、切れかけた集中力をリセットすることができます。

3 動かす

１年生は、「聞いているだけの授業」を実にすることは難しいです。説明をした後には活動させる時間を取ることを意識しましょう。また、子どもから疲れを感じたら「自分の席から一番遠い人に考えを聞いてきて」「10人に自分のノートを見せて、感想を言ってもらおう」など、あえて立ち歩かせる時間を取ることも大切です。１年生は「とにかく動かす」を心得ておきましょう。

4 学力差を埋めるミニ先生

特に算数では、もともとの学習歴や器用さの差により、課題がすぐに終わってしまう子と時間がかかる子に分かれます。ここで、すぐに終わってしまう子をそのままにしてしまうとクラスが荒れる原因になってしまいます。そこで、早く終わってしまった子には「ミニ先生」になってもらいましょう。

「ミニ先生」とは、早く終わってしまった子がまだの子に教える活動です。ただし、ここで答えを教えてしまうと、教わる子も教える子も学びになりません。「ちょうどいいヒント」を伝えるように言いましょう。「ちょうどいいヒント」を与えることは体系的な理解や相手意識が必要で、教える子にとっての学びが大きくなります。うまくヒントを与えられている子は度々取り上げて、ミニ先生の質を上げていくことで、学力差を生かした実のある全員参加の授業が実現するのです。

〔参考文献〕西川純著（2016）『週イチでできる！アクティブ・ラーニングの始め方』東洋館出版社

1年生の個への対応

1 飛び出す子、うるさくする子

小学校には多くの個性ある子どもたちが入学してきます。小学校生活への適応もそれぞれで、なかなか集団に馴染めない子も出てくるでしょう。その子たちに丁寧に対応していくことが、学級全体の安定につながっていきます。

まず目立つのが、教室を飛び出す子、うるさくして授業の妨害をしてしまう子でしょう。このような子がいると、対応に追われたり、授業が成立しなくなったりして、１年生であっても学級が崩れてしまうことがあります。

そんな子へは、「その子にできることを与える」「褒める」「複数人で環境を整える」ということを行うといいです。例えば、授業中にずっと話を聞いていることが苦手でも、塗り絵やプリントなら熱中してやる、好きな生き物の本なら集中して読む、といったことがあります。その子が今できる課題を個別で与えることが大切です。また、「これが終わったらこれ」のように見通しをもたせることも必要です。このように対応しながら、ふと全体の授業に参加することがあったら、大いに認めましょう。

また「褒める」ということも重要です。このようにはみ出してしまう子は、周りの子から少しずつ敬遠されてしまうことがあります。それを防ぐために、その子なりに学習していることを全体に説明し、教師が積極的に認めていくことが大切です。何よりも、その子との関係を築く上で、しっかりと褒めることを大事にしたいものです。

ただ、それでも実態によっては、教室にいることがつらいということがあります。その時には、クールダウンできる場所を用意しておきましょう。支援員さんや管理職の協力が得られる場合は複数人で対応するといいです。ただし、クラスや担任の先生とのつながりが少なくならないように、休み時間に一緒に過ごしたり、こまめに声をかけたりすることを意識しましょう。教室の中でも、どのような環境がその子にとってマイナスの刺激が少ないのか、様々に試していきたいものです。

2 友達に暴力や暴言をする子

対応としては、「飛び出す子、うるさくする子」と同じです。その子の得意な分野を見つけて、褒めます。そして、できるだけ刺激の少ない環境設定を行いましょう。

それに加えて、これは全ての子どもたちにいえることですが、否定形での声かけを少なくしていきます。例えば「廊下を走らないようにしよう」だと、人間の脳は逆に「走る」ということを強く意識してしまうそうです。「廊下を歩きます」であれば、歩くことをインプットできます。人をたたいてしまう子についても「たたきません」ではなく、「嫌なことがあったらすぐに先生に言いに来て」と伝え、それができたらすかさず褒めることを繰り返すといいでしょう。

3 学習に難のある子

学習に難がある子は「結果ではなく、努力を認める」「自分内の成長を認める」ことをしていきましょう。例えば、LDなどで学習障害がある子でも、頑張って文字を書こうとしている場面があったら、全体で取り上げ大いに認めます。そうすることで努力の大切さやその子の頑張りを、本人にも全体にも伝えることができます。

また、人とは比べず、自分の中での成長にフォーカスさせましょう。自己肯定感は他人と比べると落ちてしまうことが多いですが、過去の自分と比べると高められることが多いと言われています。

また、最近はICT機器を使うことによって、苦手をカバーできる手段が増えています。それらを柔軟に使うことでも、学習に対する自信を地道にもたせていきたいです。

4 保護者離れができない子

保護者離れが難しく登校しぶりが起きている子には、保護者に学校に来てもらい、授業や学校生活に付き添ってもらいましょう。保護者の予定や思いもあると思いますが、そうしていれば必ず子ども本人の気持ちが満足して「もういいよ」という時期が来ることを伝えましょう。できるだけ時間の制限や約束を決めずに行うことが、解決への近道です。

「その子にできることを与える」「褒める」「複数人で環境を整える」が大切

１年生の学級経営をより充実させるために

1 拍手

学級経営を充実させるためには、様々なテクニックや細やかな気遣いが必要になります。本書には、その具体的な方法が多く載っています。１つでも多くストックしておくことで、教師としての余裕につながっていくでしょう。その中の一つとして、どんな場面でも使えるのは拍手です。

拍手があるクラスは温かな雰囲気になります。一人一人が声に出して、誰かを認めることは時間がかかってしまいますが、拍手であれば一瞬でクラス全員が誰かを称賛することができます。無理やり拍手をさせるというよりは、「先生は拍手をあげたくなっちゃうな」「○○さんも拍手してくれているの、とても優しいね」「みんなが拍手してくれたこのクラスのことが大好きだよ」と、Ｉ(アイ)メッセージ（「私は○○だと思う」という伝え方）で話していくといいでしょう。

また、せっかく拍手をするのであれば、その効果が最大になるようにしたいものです。そのためには「強く」「速く」「相手におへそを向けて」を伝えると効果的です。拍手が形式的なものになってしまうと、その効果は薄くなってしまうばかりか、マイナスの影響も出てきてしまいます。この方法であれば形式的になりづらいので、相手に思いを届けるものになりやすいです。

2 静かな時間

１年生では、クラスでワイワイと楽しく学習する時間が大切になります。子どもたちの主体的な学習を意識すればそうなることが多いはずですし、子ども自身が過度に遠慮することなく自分の考えで自由に活動できているかは常に点検する必要があります。

一方で、その真逆のシーンとした時間も意識したいものです。子どもたちが自分の世界に没頭して考えを深めるためには、そのような時間が必要です。それは、子どもたちの思考の主体性を確保する時間とも言い換えることができるかもしれません。

このような時間は、まず読書で体験させるといいでしょう。読書の際には、「１人で」「静かに」「その場所で座って読む」をルールにします。事前に複数冊の本を用意させ、このようなルールを徹底することで、シーンとした時間をつくることができます。「この雰囲気はとても大切だから覚えていてね」と伝えておき、国語や算数の時間などでも同じように学習に没頭できる時間があったら、認めていきます。少しずつシーンとできる時間を増やしていくことで、ワイワイした時間の質も上がっていくのです。

3 知らないだけ

毎日の学級経営を行っていくときに、どんなに子どもが好きな人でもイライラしてしまう瞬間はあるでしょう。暴言を吐かれてしまったり、暴力をふるわれたりすると、その対応に疲れてしまうこともあります。そんな時には「この子は知らないだけだ」と考えることが助けになります。「暴力をふるう手段しか知らない」「悪い言葉でしか自分の考えを伝える方法を知らない」と思えれば、「こういう時にはこうする方法があるよ」と冷静に伝えやすくなります。子ども自身が忘れてしまったら何度でも落ち着いて想起させてあげればいいだけです。「知らないだけ」という考え方を備えておくと、教師としての余裕を保つことができます。

4 会社の活動

当番（必ず行うクラスの仕事）とは別に、誰がやってもよく、みんなの生活を明るくする「会社」をつくるという活動があります。新聞会社、お笑い会社、漫画会社、学習プリント会社、英語会社など自分の得意を生かして、会社を立ち上げるものです。

ルールは「クラスのみんなが楽しくなる活動をすること」だけです。どんな活動でも、誰が何人でやっても、１日でやめても、ずっとやっても自由です（もちろん、みんなが楽しくならない悪口会社やいじわる会社などはつくることができません）。簡単な会社の計画書（社長やメンバーなどを書く紙）、活動したらシールが貼れる表などを作ると活動が盛り上がり、どんな会社があるのかも分かりやすいです。このような活動を行う際には、「時間」「場所」「もの」を確保してあげることが重要になります。

〔参考文献〕菊池省三著（2014）『菊池省三流奇跡の学級づくり：崩壊学級を「言葉の力」で立て直す』小学館

「シーンとした時間」が「ワイワイの時間」の質を上げる

第1学年の学級経営

4月 安心感を主軸にすえた学級経営

▶４月の目標

６年間の小学校生活のスタートである４月。子どもたちがこの４月を居心地よくワクワクした気持ちで過ごすことができたなら、この１年間はもちろん、これから始まる小学校生活全体に大きな期待感を与えることができるでしょう。では、この大事な１カ月間を組織するにあたって、どのような点に留意すればよいでしょうか。キーワードは「安心感」です。

子どもも保護者も教師も「安心」を軸に

米国の主要IT企業の一つ、Googleでは、業績向上の最優先事項として「心理的安全性」の保障を掲げています。自分の気持ちや意見を気兼ねなく表出することができる環境を整えると、チーム全体の創造性が高まっていくというのです。新しいスタートの４月。「分からない」を「分からない」と言い合える土台づくりを意識することが重要です。

●子どもたちの安心

新しい教室に新しい友達、新しい先生。子どもたちは期待感と同時に大きな不安を抱えて入学してきます。何をするのか、どこに何があるのか、困った時にはどうすればよいのか。一人一人が一歩先の「見通し」をもてるように指導することが、子どもたちの安心にとって非常に重要です。

●保護者の安心

保護者は学校の最大の協力者でありパートナーです。保護者の安心が子どもたちの安心、そして教師・学校の安心へとつながります。お便りなどによる情報提供や個別の連絡、また「相談しやすい先生・学校」であるように、４月の早い段階で保護者向けにメッセージを発信するとよいでしょう。

●教師の安心

子どもたちや保護者に「安心」を提供する教師自身が一番多忙で不安だという状況に陥らないよう、可能な範囲で４月以前から計画を始めましょう。また、４月に行うべき指導事項や行事については、優先順位を時系列でToDoリストにまとめておくと、教師の安心につなげることができます。

注意事項

４月はとにかく多忙です。特に１年生担任は「一から」教えるべきことが多岐にわたるため、その忙しさは想像を絶するものがあります。計画通りに全てをやり遂げようとせず、一つ一つを丁寧に、慌てずじっくりと余裕をもって進めていく「心のゆとり（安心）」がとても大切です。

実話で語る「安心」の生み出し方

▶ねらい　子どもたち、保護者、教師　三者の「安心感」を得る

ここまで、小学１年生の４月を円滑に舵取りするにあたって、「安心感」が大事な指標の１つであることについてお話ししてきました。ここでは、私自身のこれまでの経験から「安心」につながる３つの事例についてご紹介します。

安心を引き出す事例

●笑顔のピエロ

教師３年目、初めて１年生の担任を受け持った時の話です。まだまだ未熟だった私が心がけていたことは、「いつも笑顔！　ユーモアあふれるピエロのように」でした。笑顔は「安心」を生み出す最大の武器です。教室を縦横無尽に移動して子どもたちの注目を集める。表情は恥ずかしいくらいに大げさに。時には小道具を用意したり、パントマイムをしたり。子どもたちに「先生のお話は楽しい」「また聞きたい」と思わせることで、自然と話を聞くマナーを養うことができました。

●魔法の温かいミルク

ある朝、女の子の保護者から学校に電話がありました。理由は分からないけれど、学校に行きたがらないとのこと。女の子に電話を代わってもらうと、私はこう語りかけました。「先生も１年生の頃、学校に行きたくなくなっちゃったことがあるんだけど、お母さんがあったかいミルクを作ってくれてね。飲んだらびっくり！　元気が出て学校に来ることができたの」。その後、彼女は少し遅れて無事登校することができました。お母さんに魔法のミルクを作ってもらったのだそう。数年後、保護者から当時の対応が大変ありがたかったと感謝のお言葉をいただきました。

●コントロールしない勇気

北欧デンマークに学校視察に行った時のこと。現地の先生の言葉で印象的だったのが「子どもをコントロールしようとしない。そもそもそんなことはできない」というもの。私たち教師は、子どもたちに「あるべき」姿を過度に期待し、そうならないことに不安やストレスを感じてしまいがちです。「安心」な環境の中で、子どもたちを「導き促す」視点が必要なのかもしれません。

事例から学ぶポイント

さて、これらの事例から学ぶポイントは何でしょうか。私は「遊び」ではないかと考えています。「ユーモア」という意味での「遊び」が必要であると同時に、「余白・余裕」という意味での「遊び」をもつことが重要です。

入学式準備

ねらい

入学式の準備を全職員で協力しながら見通しをもって行う。

指導のポイント

入学式は、小学校６年間のスタートとなる大切な行事です。教師以上に、子どもたちや保護者は大きな期待と不安を胸に抱いていることでしょう。一方で、４月のはじめは、慌ただしい毎日が続きます。見通しをもって準備をすること、最終確認をしっかりして誤りがないようにすることがとても大切です。

計画的な準備を

短い春休みですが、入学式に向けてやることはたくさんあります。関係する職員との打ち合わせ、幼稚園や保育所との引き継ぎなど、連携を図りながら計画的に準備をしていきます。準備に漏れがないように、チェックリストを作り共有するとよいでしょう。リストは、職員室の見えるところに貼っておきます。いざ、配付物をひとまとめにしようとした時に、準備していないお便りがあった、などといったことがまれにあります。進捗状況を学年だけでなく他の職員にも知ってもらうことが大切です。

また、昨年度の１年生担任にも事前に話を聞きましょう。特別支援学級に新１年生がいる場合には、支援級担任ともしっかり連携していかなければなりません。どんな１年生になってほしいか、学年団で話し合いながら、まだ見ぬ子どもたちとの出会いを想像し、準備を計画的に進めていきましょう。

準備の流れ

01 教室環境を整える

しっかり清掃と安全確認をします。机にささくれはないか、壁に画びょうの針部分だけ残っていないか、細やかにチェックしましょう。

子どもたちがスムーズに身支度や片付けができるように、物をしまう場所も動線を考えながら準備しましょう。

02 名簿を作成し、慎重に確認する

入学式当日に掲示・配付するクラス名簿や通学班の名簿などを丁寧に確認します。ここでの誤りは、学校への信頼感に関わるものです。漢字や読み仮名などを慎重に複数人で確認しましょう。

▶チェックリスト作成の例

入学式前のチェックリスト

□名簿作成　作成後チェック
□幼稚園・保育所などからの資料の確認
□出席簿の作成
□教室環境整備
□入学式の細かい案の作成と共有
□入学式の次の日から使う教材の発注
□入学式当日に使う資料作成
- ・担任名の掲示　・名札への名前の書き方
- ・トイレの使い方　・学校の決まり
- ・姿勢　・話の聞き方、話し方
- ・机、ロッカーの使い方

□入学式当日の配付物の確認
□入学式のしおりの作成
□入学式当日に子どもや保護者に話す内容と練習

03 当日の流れを確認する

入学式当日の動きを検討し確認します。当日、保護者と子どもたちはどのように移動し、何をするか、入学式とそのあとの学級指導で話す内容、子どもたちがトイレに行くタイミングと方法など、細かなシナリオを準備し、学年以外にも関係する職員で確認します。

04 幼稚園・保育所との連携

幼稚園や保育所から入学してくる子どもたちについては、事前に情報の引き継ぎをしていることと思います。集団の中で話を聞くのが苦手な子、健康上配慮を要する子など、改めて情報を確認します。必要に応じて支援の手だてを準備しておきましょう。

APRIL

4

4月 5月 6月 7月 8月 9月 10月 11月 12月 1月 2月 3月

入学式

ねらい

子どもたちが入学式当日に安心して過ごし、学校生活に期待をもつ。

指導のポイント

いよいよ入学式。「どんな先生だろう」「どんな教室だろう」子どもたちや保護者は期待をもって当日を迎えることと思います。十分に準備し、厳粛で清新な式と明るく楽しい学級活動で信頼を得ましょう。

入学式当日には、初めての学校に戸惑う子どもがいたり、思わぬトラブルが起きたりするかもしれません。余裕をもって臨めるようにリハーサルをしましょう。

学級での時間のポイント

先生の話す姿勢や気持ちは、直接子どもたちに伝わります。初めて会う子どもたちと熱心に参観する保護者を前に先生も緊張すると思いますが、以下のポイントを意識して話しましょう。

①笑顔で話す
②一人一人を見て話す
③聞こえやすい声の大きさで話す
④ゆっくり話す

途中で多くの子どもたちが知っている歌を一緒に歌ったり、先生クイズを出したりするのもよいでしょう。また、学校生活が楽しみになるような絵本を読み聞かせるのもよいでしょう。

〈絵本の例〉

・『いちねんせいのいちにち』おかしゅうぞう作、ふじたひおこ絵（2004）佼成出版社
・『ともだち』谷川俊太郎作、和田誠絵（2002）玉川大学出版部

当日の流れ

01 式場と教室の最終確認

式場の清掃は行き届いているか、教室の机に貼ってある名前は正しいか、配付物はそろっているかなど最終確認をします。

また、当日に急に欠席となる子どもがいるかもしれません。時間までに全員がそろわなかった場合の対応も担当の職員と確認しておく必要があります。

02 入学式　笑顔を忘れずに

会場では、保護者が子どもたちの入場を待っています。先生も緊張しますが、明るい笑顔で堂々と臨みたいものです。式の途中にも、体調の悪そうな子やトイレに行きたそうな子はいないかなど、子どもたちのことを注意深く見守る必要があります。子どもたちが安心して式に参加できるようにしましょう。

▶笑顔と安心につながる教室環境

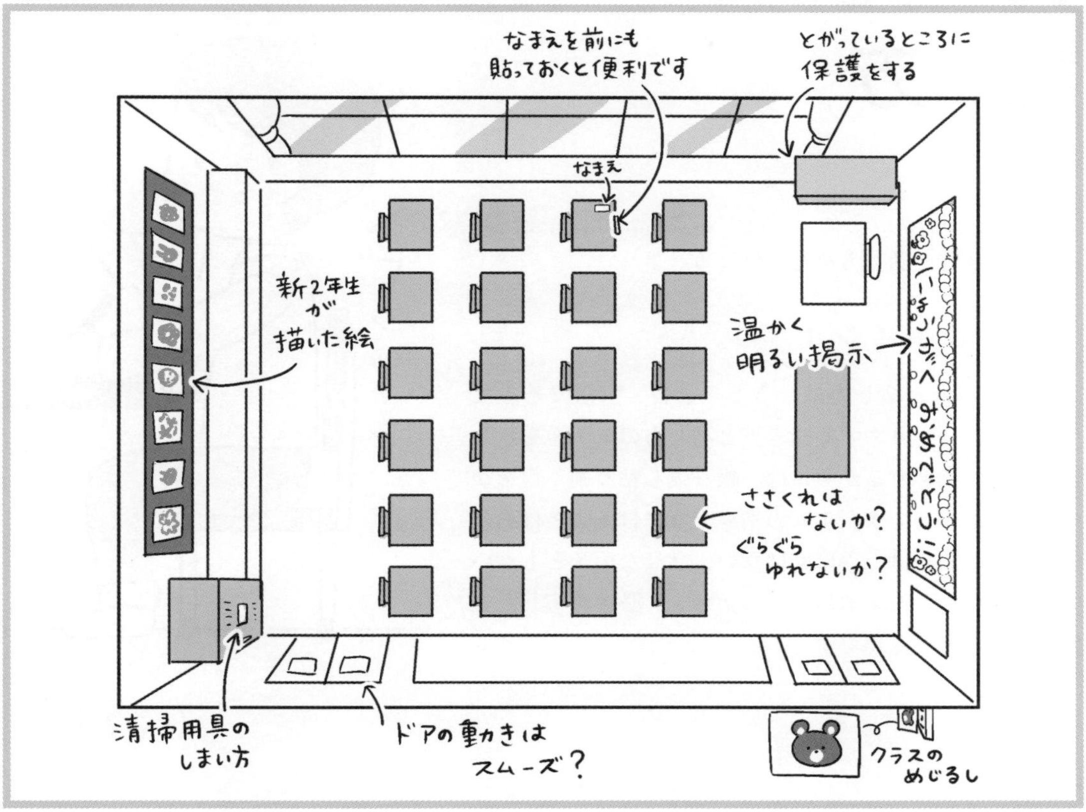

なまえを前にも貼っておくと便利です

とがっているところに保護をする

なまえ

新2年生が描いた絵

温かく明るい掲示

ささくれはないか?
ぐらぐらゆれないか?

清掃用具のしまい方

ドアの動きはスムーズ?

クラスのめじるし

03 明日も登校したくなる学級指導

式後の学級指導では、子どもたちと保護者に話をします。一人一人に向けてゆったりと笑顔で話をしましょう。保護者への話では、困ったことや不安なことがあったら相談してほしいということや、これから協力して子どもたちを育てていきたいという姿勢を伝えます。

04 学級指導のアイデア

入学式後の学級指導では、「楽しそう」「頑張れそう」と子どもたちが希望や期待をもてるようにしたいものです。短い歌を歌ったり、明日が楽しみになるようなメッセージを黒板に書いたりするなどひと工夫しましょう。子どもたちのうれしそうな表情が保護者の安心につながります。

話の聞き方・話し方

ねらい

話の聞き方と話し方を身に付ける。

指導のポイント

話の聞き方と話し方は、全ての学習・生活の基本です。まず、分かりやすく聞き方と話し方のモデルを示しましょう。指導するからには、繰り返し粘り強く声をかけることが大切です。１回の指導で身に付くことはありません。はじめは上手に聞けない、話せない子どもがいても、よいところを認めながら指導し、必要に応じた支援をすることが重要です。

指導の留意点

01 よい聞き方「目と耳と心で聞く」

聞く力は全ての学習の根本であるともいえます。正しい姿勢で、目と耳と心で聞くことを指導しましょう。はじめに教師がモデルを示します。

- 姿勢を正す
- 手は膝の上に置く
- 話している人の目を見る

よく聞けている子がいたときに「そうやって聞いてくれると話している人はうれしいね」「よい聞き方だね」などとよいところを見つけ褒めましょう。

どのような聞き方だと話す人がうれしいか、しっかり聞くことは相手への思いやりや礼儀であるなどということも伝えていきましょう。

02 よい話し方「相手に伝わるように」

あらかじめ発言をするときの約束を示し、指導しておきます。示したルールを守って発言できている子どもがいたときに繰り返しその姿を認め、声をかけます。「こうするといいんだ」というモデルを理解できるようにするためです。はじめは、誰かが話している途中に大きな声で発言を遮って質問する子どももいると思います。その発言には振り回されずに、粘り強くはじめに示したルールに従って指導します。

- 発言したいときには手を挙げる
- 指名されたら返事をして立つ
- 教室の中心を向いて発表する

話すときには聞く人を思いやることが、聞くときには話す人の気持ちを考えることが大切だということも伝えましょう。

▶視覚化の掲示物の例

○声の大きさ

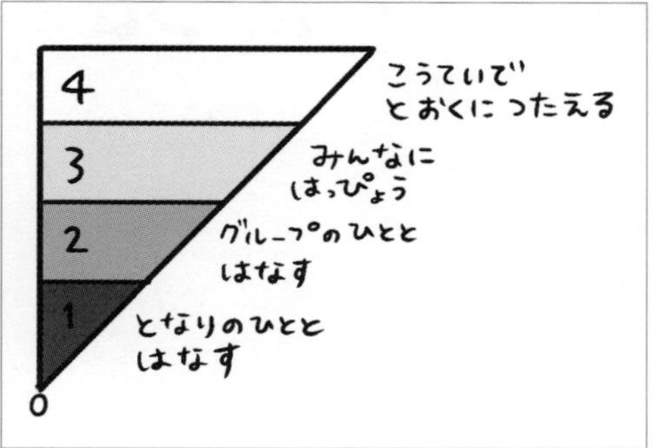

○カードを活用して

03 聞く・話す準備、質問の仕方

しっかり聞く・話すためには、座り方と待ち方が大切です。座り方や次の活動を待っているときの姿勢についても指導する必要があります。話している途中に思いついたことを質問したくなる子もたくさんいます。そこで、質問の仕方についても事前に指導します。

・まず自分で考えてみる
・「質問はありますか」の言葉の後に手を挙げて質問する

その他にも、友達に聞いてみて分からなかったときに先生に聞くなどと、質問をする順序を伝えるのも有効です。授業中に話の途中で何度も質問があると、内容を理解しづらくなる子どももいます。早めに指導しましょう。

04 集中できるように指導する

聞き方・話し方の指導はとても大切です。その一方で、子どもたちが集中しやすい環境をつくったり、聞きたくなるように指導を工夫したりすることも大切です。子どもたちの姿は指導の鏡写しです。環境を整備しながら、子どもたちの様子を見て指導を工夫しましょう。

○視覚に訴える
・話の聞き方をイラストで示すなど分かりやすく提示します。

○声の高さや話すスピードを変える
・大切な部分でスピードを落とすなど話し方を変えます。

○動作を取り入れる
・算数ブロック（数を表すブロック）の操作や立つ・座るなど、途中で動作を取り入れます。

机の環境

ねらい

机の上・中・横の環境を整え、学習に集中したり、落ち着いて生活したりできるようにする。

指導のポイント

机の上の整頓は、学習への集中力を高めます。机の中の整頓は、なくし物を減らし、物を大切にする心が育ちます。机の横の整頓は、けがの防止につながります。机の環境を整えることはよいことばかりですが、苦手な子どもはとても多いです。常日頃から声かけを続け、定期的にお道具箱を整頓する時間をつくりましょう。片付けや物の管理が苦手な子どもには、机の中にプリントがたまる前に、個別に支援をしていきましょう。

写真で見本を示す

指導の留意点

01 正しい様子を写真で掲示する

「机の上を片付けましょう」や「お道具箱を整頓しましょう」などの声かけは抽象的です。片付けが得意な子どもは言われなくてもできます。しかし、片付けが苦手な子どもは、言われてもどのように片付けていいのかが分からないのです。

子どもの実態によっては、言葉よりも視覚からの情報が有効な場合があります。授業中の教科書やノート、筆箱の正しい配置を写真で提示してみましょう。「この通りに、机の上を整頓しましょう」と指示してみましょう。見本があれば、苦手な子どもも自信をもって片付けができるでしょう。お道具箱の中の整頓についても同様です。

02 しまうところまで確認する

「うちの子、学校からのお便りを持って帰ってこないのですが」と、保護者から連絡が来ることもあります。物の管理が苦手な子どもは多く、もらったお便りを机の中に押し込むか、床に落としてそのままにしてしまうことも多々あります。これは決して子どもの責任と考えてはいけません。子どもの実態を考えると仕方がないのです。

お便りを配付したら、すぐに連絡袋に入れる習慣を身に付けさせましょう。全員が入れたことを確認してから、次の作業に移るようにしましょう。物の管理が苦手な子どもは連絡袋を持って来ないこともあるので、予備のクリアファイルを用意しておくとよいです。

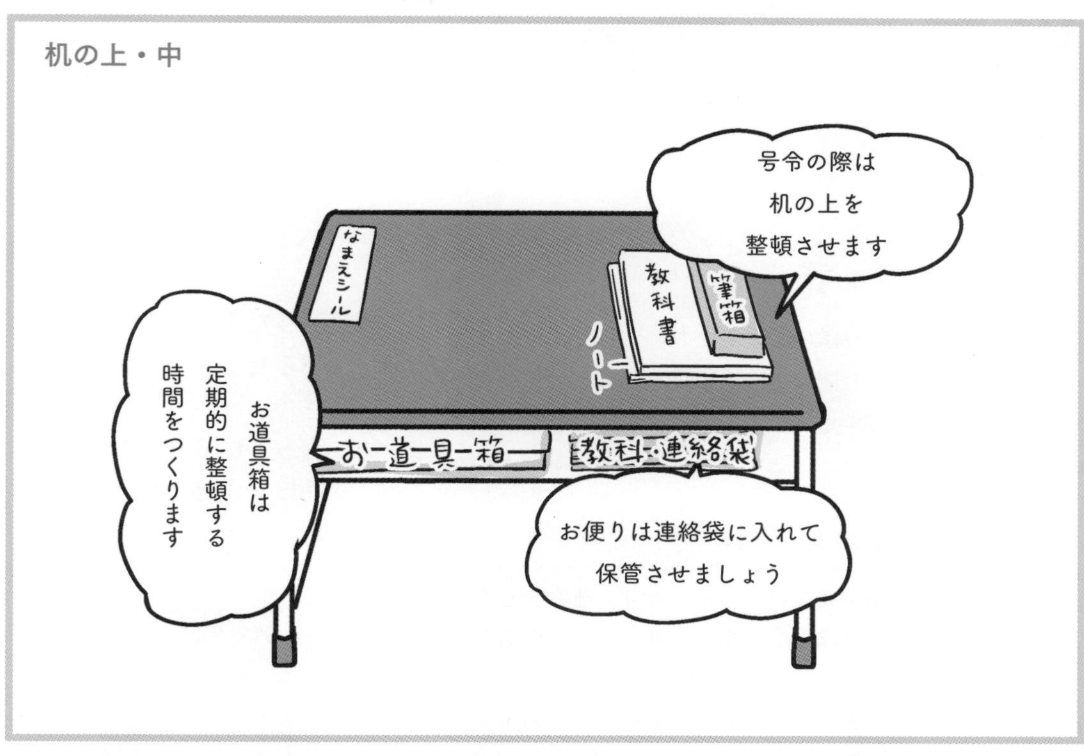
机の上・中
号令の際は
机の上を
整頓させます
なまえシール
教科書
筆箱
ノート
お道具箱は
定期的に整頓する
時間をつくります
お道具箱
教科・連絡袋
お便りは連絡袋に入れて
保管させましょう

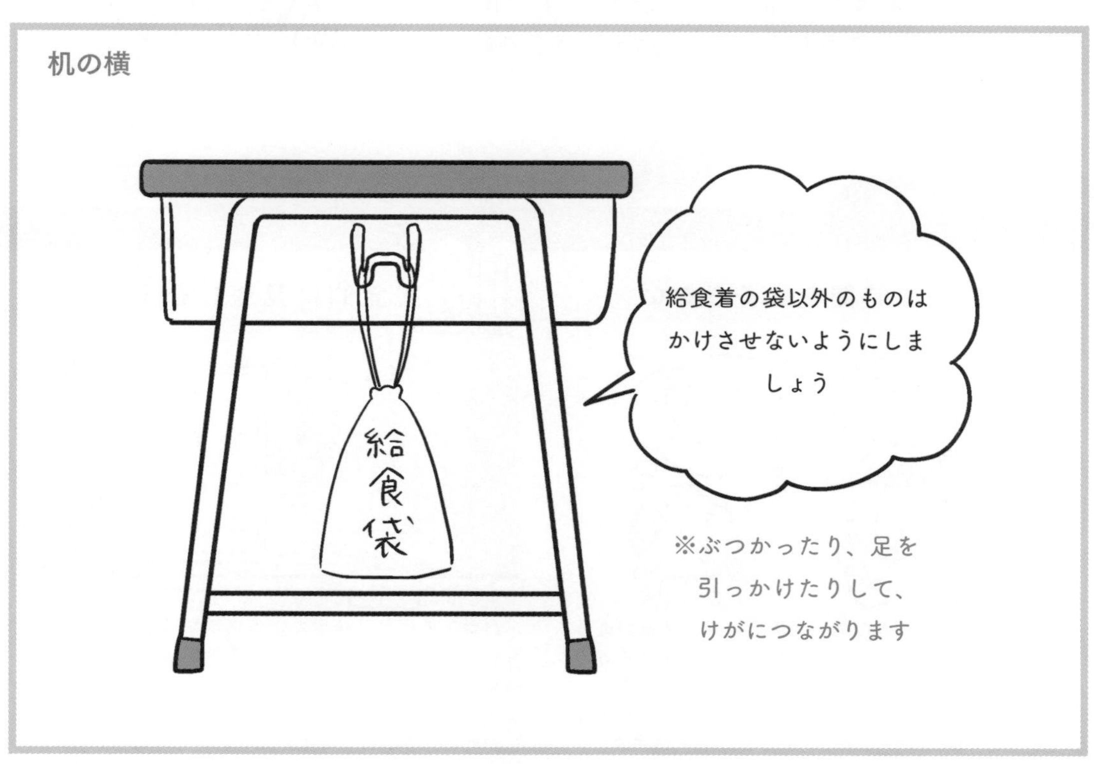
机の横
給食着の袋以外のものは
かけさせないようにしま
しょう
給食袋
※ぶつかったり、足を
引っかけたりして、
けがにつながります

指示・発問のコツ

分かりやすい指示を

1年生という発達段階の子どもたちにとって、分かりやすく明確な指示・発問はとても重要です。どのようなポイントを意識して声かけをしていけばよいのでしょうか。

困っているのはだれ？

子どもたちが授業中に騒いでしまったり、離席をしたり、時には教室を飛び出してしまったりすることがある場合、「困った子だ」と子ども側に特性・課題があると認識しがちです。一方で、教師側の配慮や声かけの工夫で、こうした事案の多くを解消することが可能です。「困った子」ではなく、その子自身が「困っている子」である、という視点が重要です。

× 困った子
困らせる子

◎ 困っている子
助けを求めている子

指導の留意点

01 空白の時間をつくらない

子どもたち一人一人の能力が異なれば、課題の進捗スピードもそれぞれです。早く終わったら何をするのか、分からないことがあった場合にはどうするのか、ルールを明確に示しておくことで、何もすることがない（空白の）時間を排除することがとても大切です。

02 視覚的に見通しを示す

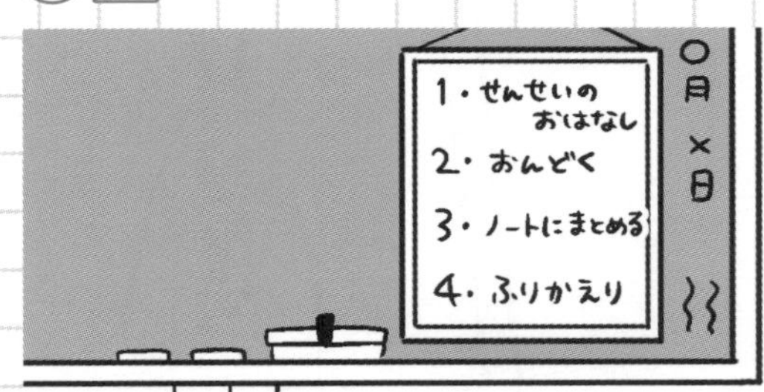

クラスの中には聴覚による指示を理解しにくい子どもが一定数います。こうした子にとって、指示内容が視覚的に常に表示されていることは大きな助けとなります。また、授業の流れが示されることで全体の見通しがもて、安心して授業に臨めるようにもなります。

03 一時一事を徹底する

「筆箱をしまったら教科書を出しましょう」この中には2つの指示が含まれています。一度に1つの指示（一時一事）を徹底します。また、不要なおしゃべりがある場合には「筆箱をしまうといいましたよ」と、私語を制止することにもつなげることができます。

04 1.5分×6分×15分

真面目な教師ほど話が長くなりがちです。丁寧に説明をしようとするからです。1.5分話したら分かったかどうか挙手をさせる、活動への指示は6分を上限とする、15分を目安に活動を切り替える、といった具合に、話は「短くテンポよく」を意識しましょう。

APRIL

4

4月 5月 6月 7月 8月 9月 10月 11月 12月 1月 2月 3月

トイレ指導

ねらい

トイレを適切に使うことができるようにする。

指導のポイント

学校のトイレと家のトイレは違います。実際にトイレに行って使い方を教えます。トイレに行くタイミングや行った後の手洗いも大切です。

幼稚園・保育所などでの子どもたちの経験が大きく異なる場合もあります。子どもの実態に合わせて、必要に応じて個別の支援をしましょう。トイレに関する指導は子どもたちの健康にも関わるため、丁寧に分かりやすく指導しましょう。

トイレに行けない子

中にはトイレに行くことができない子もいます。理由は様々ですが、トイレに関する課題は学校生活に大きく関わる緊急性の高いものです。保護者とも相談していきましょう。

○トイレの雰囲気が怖い

家のトイレと違う雰囲気や扉を閉めることが怖い子どももいます。

○においや便座の冷たさがつらい

温める機能がついている便座にしか座ったことがない子どももいます。

○水を流す音や換気扇の音が怖い

例えば、イヤーマフを使うなど要因に合わせて早く対応しましょう。保護者と相談しながら進めましょう。

指導の留意点

01 原則：トイレに行きたくなったら我慢しない

幼稚園や保育所でトイレの使い方を教えてもらっている場合もありますが、学校のトイレと環境が違うことで不安を感じる子どももいます。まずは、安心してトイレに行くことができるように「トイレに行きたくなったら、我慢しないで『トイレに行ってきます』と言って行きましょう」という指導からスタートします。

特にはじめのうちは、子どもの実態に合わせて柔軟に対応する必要があります。子どもたちが授業中に気軽にトイレに行くようになったらどうしよう、と心配になるかもしれませんね。休み時間にトイレに行くほうがよいことも合わせて教えましょう。なるべく適切なタイミングでトイレに行くことは、今後の小学校生活で大切です。

02 トイレの使い方

実際にトイレに行って指導しましょう。

①便座にしっかり腰掛ける
②トイレットペーパーはカバーを押さえて切る
③使った後は必ず水を流す
　※流れたかどうか確認する
④手を洗ってハンカチで拭く

特に男子の小便器では、便器から離れて小便をしてしまう場合があります。足形を床に用意すると立つ場所が分かりやすくなります。

トイレの使い方

①便座にしっかり腰掛ける
※和式トイレの場合しゃがむ向きも教える

②トイレットペーパーを切る
※カバーを押さえて切る

③水を流す
※流れたか確認する

④手を洗ってハンカチで拭く
※手洗い場で拭くように指導する

トイレの足型

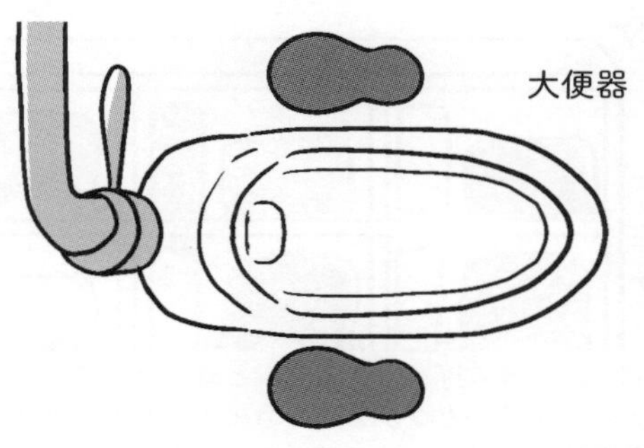

小便器

はじめのうちは、休み時間のトイレの様子をしっかり見守ります。
トイレでは遊ばない、ハンカチで手を拭くなど細やかに指導しましょう。

荷物の整理

ねらい

ロッカーや机などに何をどのように入れたらよいのかが分かる。

指導のポイント

幼稚園や保育所でも自分のロッカーがあります。しかし、多くの場合、保護者や先生が荷物を入れるなどのお手伝いをします。小学校では、自分で荷物の整理をしなければいけません。その際、どこに何を入れるのかを明確に示しながら、整理整頓ができるようにしていくことがポイントです。

子どもの整理する場所一覧

教室のロッカー

○ランドセル
○体育着、給食着

机の中

○教科書、ノート
○連絡袋

お道具箱の中

○のり、はさみ
○クレヨン（パスティック、色鉛筆など）
○おはじき（算数用）

筆箱の中

○鉛筆、赤鉛筆
○消しゴム
○マイネーム（油性ペン）

児童玄関

○くつ、上履き
○かさ

※学校の実態に応じて異なる場合もあります。

活動の展開

01 おうちはどこかな？（持ち物には整理する場所がある）

黒板にランドセルや上履き、はさみや鉛筆などのイラストを貼ります。次に「ランドセル君が迷子になっておうちに帰れません。おうちを教えてあげよう」と言って、おうちがどこなのかを子どもたちに考えさせます。持ち物には整理する場所があることを明確にします。

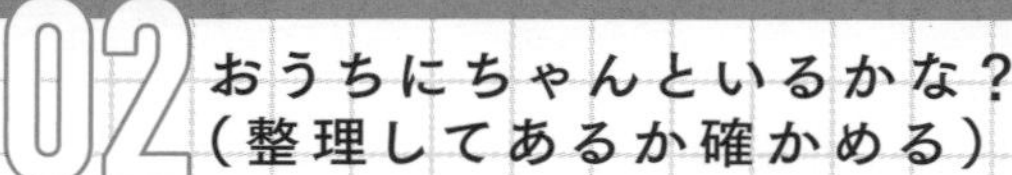

02 おうちにちゃんといるかな？（整理してあるか確かめる）

次に、自分の持ち物がちゃんとロッカーや机、筆箱に入っているかどうかを確かめます。先生がのりやはさみを実際に見せ、「おうちにいるかな？」と聞いて、持ち物がちゃんと入っているかどうかを確かめます。隣の子とペアでやるのもよいです。

03 目指せ、お便りの達人！（お便りは角をそろえてきれいにしまいます）

お便りをどのように片付けたらいいのか分からない子もいます。連絡袋はＡ４サイズが多いと思います。Ｂ４サイズであれば、折り紙を折るときと同じように、角と角をそろえて丁寧に折ることを意識させます。ゆっくり数えて10秒でできることを目指しましょう。

04 目指せ、名探偵！（落とし物は見つけたら届けよう）

落とし物を２、３個使って、名探偵ごっこをします。名探偵役を１人選び、落とし物の持ち主を探します。名探偵ごっこが終わった後、「いつもこんな名探偵がいると先生はうれしいな」と伝えましょう。日頃から落とし物に目を向ける子が増えてきます。

着替え

ねらい

着替えの仕方を知り、友達の服と混ざらないようにすることができる。

指導のポイント

１年生では、体育着や給食着の着方などを指導します。その際に、素早く着替えることや脱いだ服をしまうことを指導することがよくあります。そのために、最初は１時間を使って指導することもあります。

ここでの大切なポイントは、脱いだ服などが友達の服と混ざらないようにすることです。そのことについて紹介します。

なくしてしまうケース

着替えをする上で、きれいに畳むことはとても大切なことです。しかし、それ以上に大切なのは、着ていた服や体育着が友達の服と混ざらないようにすることです。

私の経験上、子どもたちが着替えをしていると、クラスに２～３人は「先生、私の服がなくなりました」「帽子がなくなりました」という子がいます。一見、その子の持ち物の管理が悪いように見えますが、必ずしもそうではありません。近くの子が誤って持って帰ってしまうケースもあります。

また、着替えをしている時に、他のことが気になって、衣類をなくしてしまう子もいます。例えば、廊下で友達が楽しそうにおしゃべりをしているとします。すると、着替えようと思っていたズボンを持ったまま友達のところへ行ってしまうのです。しかし、その子の頭の中は、友達とおしゃべりをしたいという気持ちでいっぱいです。気付いた時には、ズボンをなくしてしまっているということにつながります。

活動の展開

01 着ていたものは半分の半分

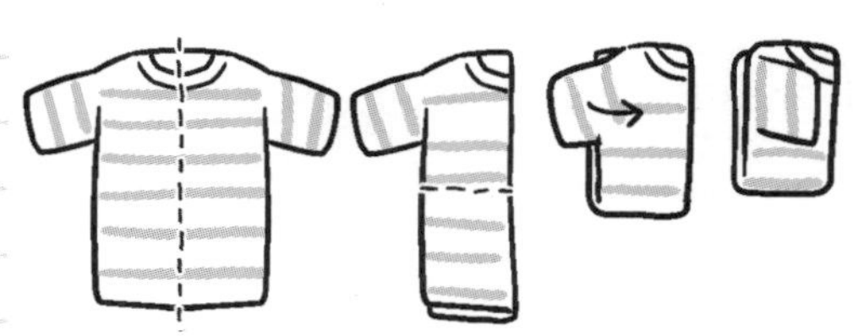

服を洋服屋さんのように丁寧に畳める子もいます。その子には、褒めてあげて自信をつけさせるとよいでしょう。上手に畳めない子には、イラストのように、服を半分の半分になるように畳むよう声をかけます。

02 ロールシャツを作ろう

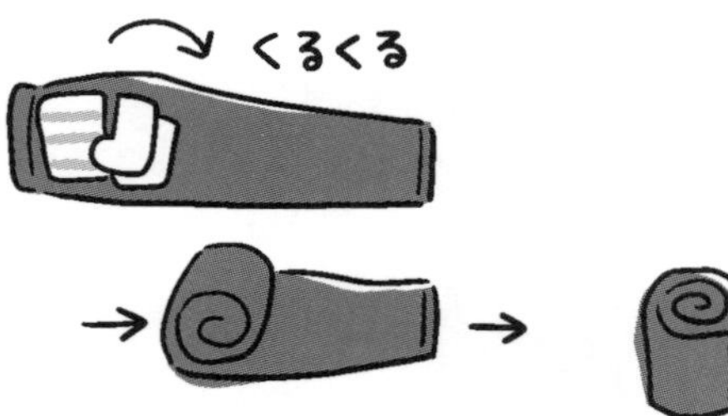

次に、着ていたものを巻いていきます。シャツや靴下など畳んだものをズボンなどの長い物の上に置いて、ロールケーキのように固く巻いておきます。このようにすると、服がひとかたまりになって、管理しやすくなります。

03 体育着の袋に入れよう

ロールシャツを体育着の袋などに入れます。ロールシャツの状態でもよいのですが、念のために、体育着の袋に入れるようにします。必ず、袋の口をぎゅっと閉めておきます。袋にしまっておくことで、紛失するのを防ぎます。

04 ロール体育着を作ろう

体育の後などの着替えの練習もします。体育着を畳んで巻きます。ロールシャツと同じ手順です。体育帽はなくしやすいので、体育帽をロール体育着の真ん中に入れておくように声をかけておきましょう。ロール体育着は体育着の袋にしまいます。

時間の見通し

ねらい

時間の見通しをもてるようにする。

指導のポイント

１年生にとって初めての学校生活。時間の見通しをもつことは、予想以上に難しいことかもしれません。何をどのくらいやるのか、いつ始まっていつ終わるのかなどを分かりやすく伝えたり、○分という時間の感覚をもつことができるように繰り返し声をかけたりすることが大切です。時間の見通しをもつことで学習に安心して取り組めたり、課題への取り組みがスムーズになったりします。

見えない時間を見えるように

時間の経過自体は目に見えません。日々の経験から、○分くらいたったかな？　などと推測することはできますが、大人でも状況によって時間の感じ方が大きく異なると思います。だからこそ、時間を見えるように（視覚化）することが重要なのです。

時間を見えるようにすることとセットにして、どこで、何を、どのように、いつまでやるのか、終わったら何をするのか、ということを視覚化すると見通しをもちやすくなります。見通しをもつことは、安心して授業に参加するためだけではなく、学習課題への取り組みを自己調整する手助けにもなります。

「あと○分間だから、ここの手順は早めに進めないといけないな」「まだ時間があるからもう１回練習しよう」など、時間の見通しを示すことは、子どもたちの力を引き出すことにもつながります。

指導の留意点

01 全体的な見通しと部分的な見通しをもてるように

研修会に参加しているときに、「いつ終わるんだろう」「今はどの部分なのだろう」などと感じたことはないでしょうか。そんなときに、全体の時間配分や今どこまで進んでいるのかが分かりやすく提示されると、より集中して参加できるように感じます。

１年生は、初めてのことも多いため、学習・生活どちらでも時間の見通しをもつことができるようにすることはとても大切です。例えば、１時間の授業の内容をはじめに提示すれば、子どもたちは次に何をすればよいか分かります。また、授業の流れを毎回ある程度同じようにしておくと授業の見通しがつきやすくなります。例えば、国語の授業のはじめに音読をする、算数の授業のはじめにフラッシュカードで計算練習をするなどといった方法があります。

また、授業での課題を細分化し、その流れを提示する方法もあります。図工の作品を作る際には、制作の工程を明確にしてホワイトボードに貼って提示する、体育の鉄棒遊びの際に前回りの手順をプリントにして貼っておくなど様々な工夫が考えられます。

授業に遅れて戻ってくる子どももいます。授業や休み時間の始まりと終わりの時刻を、算数教材の大きな時計などを使って示すと時間が把握しやすくなります。特に、入学して１学期間くらいは様々な場面で時間の見通しをもてるようにしていきましょう。

支援ツールの例

1．予定表

とてもシンプルな予定表です。３つのやることを提示します。３つに絞ることで理解しやすくしています。

11	6	1
12	7	2
13	8	3
14	9	4
15	10	5

2．数字マグネット

回数をカウントダウンしていくマグネットです。簡単なものでも、その子にフィットするかどうかが大切です。例えば「○回ぞうきんがけをする」という場合に、だんだんとマグネットを取っていく、という使い方ができます。

○じかんめにやること

1	ひらがな	
2	カタカナ	
3		
4		
5		
6		

3．学習計画表

１時間の学習内容を示すためのシートです。マジックテープで内容を貼り替えることができます。その時間にどのような学習をするか、具体的に見通しをもつことができます。

ポイント　子どもの実態に合わせる

どのような支援ツールでも子どもの実態を踏まえて使うことが大切です。また、実態は変化するものです。簡単なものでも変化に応じていろいろなツールを活用しながら、よりよい方法を探っていくことが重要です。

筆記用具

ねらい

・鉛筆の持ち方、書き方を学ぶ。
・消しゴムの使い方を学ぶ。
・筆記用具のよい使い方を考える。
・筆記用具の置き場を考える。

指導のポイント

これまでの経験から、筆記用具の使い方をすでに身に付けている子は多いです。ですが、上手な消し方ができずに紙が破れてしまう子、鉛筆の持ち方が我流で筆圧が弱くなってしまう子なども多くいます。ここで、しっかりとした鉛筆の持ち方や消しゴムの使い方を学んでいきましょう。それにあわせて、消しゴムのカスの処理なども一緒に覚えていきましょう。

指導にあたって

本格的に授業が始まってしばらくすると、保護者から「うちの子どもは授業に集中していますか？」という質問をよく受けます。その際に私は「筆箱を見ると授業の集中の度合いが分かりますよ」と伝えます。

集中している子の筆箱は、鉛筆や消しゴムが整頓されていて、きれいに使われていることが多いです。逆にうまく集中できていない子は、消しゴムに鉛筆の芯が刺さっていたり、筆箱が落書きだらけになっていたりすることが多いです。筆箱の中身はその子の集中の度合いを知る基準になるのではないかと思います。

子どもたちにも同様のことを伝えていきます。４月末頃に、「自分の筆箱の様子を見てみよう」と伝えた上で、自分のこれまでの授業の様子を振り返ると同時に、筆記用具のよい使い方を考えながら身に付けさせていくことが大切だと思います。

活動の展開

01 ワークシート案

○ ○ ○ ○ ○ ○ ○ ○ ○ ○
☆ ☆ ☆ ☆ ☆ ☆ ☆ ☆ ☆ ☆
□ □ □ □ □ □ □ □ □ □
△ △ △ △ △ △ △ △ △ △
◇ ◇ ◇ ◇ ◇ ◇ ◇ ◇ ◇ ◇

上記のように、塗りつぶしができる図形をたくさん並べたワークシートを用意します。

算数の授業で、「〇個塗りましょう」という授業とあわせて行ってもよいかもしれません。

02 図形を塗りつぶしてみよう！

左のワークシートを配り「今日はこの形を先生に言われた数だけ塗りつぶしていきましょう！」と話します。例えば、「丸を７個塗りましょう！」と伝えて子どもたちの塗る様子をよく見てみます。

子どもたちは塗るのに夢中になっていますが、筆箱をきちんと閉じて端に置いている子や、あらかじめ消しゴムを出している子などがいるかと思います。そういった子を見つけたら「ちょっと〇〇さんの机を見てみよう！　筆箱がしっかりと横に整えられている、素敵だなぁ」などと伝えます。それを聞いて、まねする子がいれば「早速まねをしてやってみたんだね、すごいなぁ」などと共有しましょう。

03 子どもたちのよい姿を共有する

子どものよい姿を共有しましょう。

- 「**丸まった鉛筆を変えるときは、**もともと使っていた鉛筆をしまって新しい鉛筆を出した**ね！**」
- 「背筋が伸びて、手で抑えて紙がズレないように書いている**ね、きれいに塗れそうだね！**」
- 「机の上には、鉛筆と消しゴムとプリントだけ、**しっかりと整理ができているね！**」

このように身に付けさせたい習慣を具体的に説明して共有していきます。

何度か塗りつぶしの作業をしたあとに、「ごめん、数を間違えた！　7個と言ったけれど、本当は3個だった！」と伝えて、消しゴムを使う場面をつくります。

7個から3個にするので、4個も消さなければいけません。一度に4個の図形を消そうとすると、紙にシワができてしまったり、破れてしまったりします。しっかり手で抑えて細かく消そうとしている子がいたら、「丁寧に紙を押さえて1つずつ細かく消しているね！**これをすると、きれいに消しきることができるね！**」といったことをすかさず伝えます。

最後に、消しゴムのカスを机の下に払わずに、端にまとめている子がいたら、**「ゴミをしっかりと集めて残してくれているんだね！　最後にまとめて捨ててくれると、教室が汚れないね！」**といったことも伝えると、教室美化の気持ちも育てることができます。

整列

ねらい

・楽しみながら整列の方法を学ぶ。
・正しい順番で整列ができるようになる。
・きれいに整列ができるようになる。

指導のポイント

学校現場では整列をする場面が多くあります。集会のとき、移動教室のとき、体育の授業のときなどに整列をすることが多いと思います。そして、整列をするときは「ほどよい緊張感をもたせたいとき」でもあります。とはいえ、「並びなさい！」と軍隊調に並ばせても子どもたちの主体的な成長にはつながりません。自分たちが自主的に整列したくなるような仕組みをつくりながら指導をしてみましょう。

活動の展開

01 正しい並び順を知る

まずは、並び順の種類を伝えましょう。学校にもよりますが、「出席番号順」「背の順」などがあるでしょう。場面によって使う並び順が違うと思いますので、いつどの並び順で並ぶのか伝えましょう。

そして自分の大まかな場所を覚えることが大切です。前後左右に誰がいるのか、前から（後ろから）何番目なのか、ということを覚えておくように伝えます。はじめは、１人ずつ名前を呼んで整列させ、自分の大体の場所を覚えさせましょう。それができたら、今度は全員を一度席に座らせた上で、「○番目の人！」と呼んで、順番に並んでいきましょう。これで、正しい並び順を子どもたちが知ることができます。

02 素早く正しく並べるようにする

今度は並ぶことをゲーミフィケーションして整列順を学びます。「今から好きに過ごしていてください。ただ、先生が『○○の順』と言ったら、すぐに先生がいるところを先頭に言われた順で並びます。何秒で列を作れるかな？」と伝えます。

そして、先生は教室を歩き回り、子どもたちの様子を見て、いいタイミングで合図を出しましょう。そうすると子どもたちはいち早く列を作ろうとするはずです。並べたら「今回は○秒だったね、次はもっと早く並べるかな？」と複数回やります。やっているうちに、並び順も覚えますし、早く並ぼうという気持ちも生まれます。

03 きれいな並び方を学ぶ

整列時に「前ならえ」をすることは多いと思います。ただ、機械的に前ならえをして列を整えるのではなくて、どうすればきれいな整列ができるか考えさせていきましょう。

まずは、実際に前ならえをするときれいに並ぶことができるということを子どもたちに感じさせましょう。最終的には、前ならえの号令がなくてもきちんと並べることが目的なので、「どうして前ならえをすると列がきれいになるんだろう？」と考えさせましょう。

「手の長さで前の人との距離が分かる」「まっすぐになる」といった意見が出てきたら、「前ならえをしなくてもできるようにするにはどうすればいい？」と考えさせていきましょう。

04 整列するときの約束をつくる

３で考えた、子どもたちの意見をもとに、整列するときの約束をつくりましょう。

約束の例

・前の人との間は腕の長さ（間隔）
・前の人の頭を見て並ぶ（まっすぐ並ぶ）
・静かに並ぶ（ほどよい緊張感）

ここまでできたら、あとは実際に整列する場面で指導をしていきましょう。授業で移動をするときなどの整列をする際に、上記の約束を守りながら整列しようとしている子を見つけ、その子の行動を周りに紹介します。何度も繰り返し伝えていくことで、約束が子どもたちにも身に付いていきます。

APRIL

4

4月 5月 6月 7月 8月 9月 10月 11月 12月 1月 2月 3月

休み時間の過ごし方

休み時間は何の時間？

幼稚園や保育所と小学校との大きな違いが「休み時間」です。休み時間には何をするのか、何のための時間なのか、学校生活が本格スタートする前の早い段階で指導することが大切です。

３種類の休み時間

一般的な小学校では、３種類の休み時間があることが多いです。５分程度の休み時間、午前中の中間にある15分程度の中休み時間、そして昼休みです。それぞれ休み時間の目的に多少違いはありますが、授業準備やトイレ、水分補給、気分転換の時間といった休憩的な役割、そして規則的な生活習慣と時間を意識した行動を促すといった大事な役割も担っています。

指導の留意点

01 授業準備

全ての休み時間の中で共通するのが授業準備です。授業が終わったら教科書やノートを机の中にしまう。消しゴムのカスや紙ごみなどを捨てる。鉛筆が短くなっているようであれば削る（学校によってルールが様々なので状況に応じて）。次の時間に必要な教科書、筆箱などを用意する。また、体育着の着替えについても、はじめのうちは十分な時間を取り、衣服の畳み方や袋をしまう場所などについても丁寧に指導をしましょう。

４月の間は教師が子どもたちと一緒に、一斉に行うようにするとよいでしょう。少なくとも１週間、状況に応じて数週間は継続し、定着してきたところで一人一人に任せていくようにします。

02 トイレ

入学後の早い時期に、授業時間を１コマ程度使い、トイレの使い方について指導するようにしましょう。最近は、家庭トイレの高機能化（自動排水機能やウォシュレットなど）の影響で、和式トイレの使い方が分からないといったことはもちろん、「使用後に水を流す」「紙でおしりを拭く」ということを体験的に知らない子も多くいます。

また、休み時間には便意がなくても極力トイレに行く習慣を付けさせ、授業中にトイレに立つことがないようにします。手洗いについては保健指導とあわせて行うようにし、毎日のハンカチ・ティッシュの持参については家庭とも連携を図り、健康観察などの時間を活用してチェックするとよいでしょう。

03 外遊び

中休みや昼休みなどの比較的時間の長い休み時間に、事前の十分な指導がないまま、入学後まもない子どもたちを校庭に解き放つのは考えものです。遊びに夢中になるあまり時間通りに教室に戻ってくることができなかったり、思いもよらない場所に行ってけがをしてしまったりすることも考えられます。

しばらくはクラス遊びとして、教師と共にみんなで校庭に出て遊び、チャイムとともに戻るようにすることをおすすめします。校庭に出る前に授業準備を済ませておくことや、校庭ではどこに時計があるのか、行ってはいけない場所はどこか、教室に戻る前にトイレに行くことなど、時間的な流れを子どもたちにつかんでもらうようにします。

04 室内での遊び

休み時間には教室や図書室でゆっくりと過ごしたい子どもたちもいるでしょう。外遊びと同様、室内での遊びについても、しばらくは教師と共にクラス全体で統一して過ごし方について指導をするとよいでしょう。

読書や折り紙、粘土やお絵かきなど、基本的には子どもたちからの声を尊重してやりたい遊びについて認めていきます。教室内での鬼ごっこなど、危ない遊びについても同時に確認するようにします。

また、図書室や音楽室など、特別教室の使用については各学校の使用規則に従って随時指導を行います。時間的な意識やルールの定着が見られたところで、段階的に子どもたちが休み時間の過ごし方や場所を選べるようにしていくとよいでしょう。

給食指導

ねらい

給食の方法を学び、みんなでおいしく食べることができるようにする。

指導のポイント

子どもたちが小学校に入学して楽しみにしていることの一つが給食です。準備の仕方、給食を食べる時のマナー、片付けの仕方など丁寧に指導して、楽しい時間にしたいものです。アレルギーに関する対応も重要です。事前に食物アレルギーにより、配慮が必要な子どもについて確認します。状況によっては、エピペン（アナフィラキシー補助治療剤）を持っている子どももいます。養護教諭とも情報を共有しましょう。

給食中のマナーとルール

落ち着いて楽しく食べるためには共通のルールやマナーが大切です。給食が始まる前にしっかり指導しましょう。

〇口に食べ物を入れたまま話さない
〇立ち歩かない
〇姿勢よく食べる
〇食器を持って食べる

時間を意識しながら食べることも大切です。事前に時間の目安を伝えましょう。

給食時計

指導の留意点

01 給食の準備

給食当番と当番以外の流れを整理し、子どもたちに指導します。

【給食当番】
①手を洗って給食着に着替える
・給食着の袋はポケットに入れる
②給食を配る準備をし、配る
・盛り付けの見本を１つ作って教えておく
③給食着を畳んで袋に入れる

【当番以外】
①手を洗う
・混雑しないように時間差をつける
②給食を取りに行く
③席に座って静かに待つ

02 給食の片付け

みんなで協力して片付けをします。お皿を落とすなどといったことがないように落ち着いて片付けができるように指導します。

①同じ大きさのお皿を重ねて戻す
②給食セット（給食ナフキンなど）を片付ける
③座って静かに待つ
④歯磨きタイム

慣れてきたら時間の目安も伝えながら指導します。お皿の重ね方や戻し方も大切です。お皿を戻す際には丁寧に重ねるよう指導しましょう。片付けの際には、教室全体の子どもたちの動線も決めておくとスムーズです。学年でも相談してよりよい方法を探りましょう。

▶給食準備の際の教室の動線の例

・混み合わないように列ごとなどに区切って移動させます。
・「手洗い」→「給食をもらう」→「席に着く」の順で準備します。
・準備の際には、話さずに静かに移動させます。

クラスの実態に合わせて、食缶の置き方や牛乳パックの片付け方など細かな部分まで検討し、よりよいシステムを考えましょう。

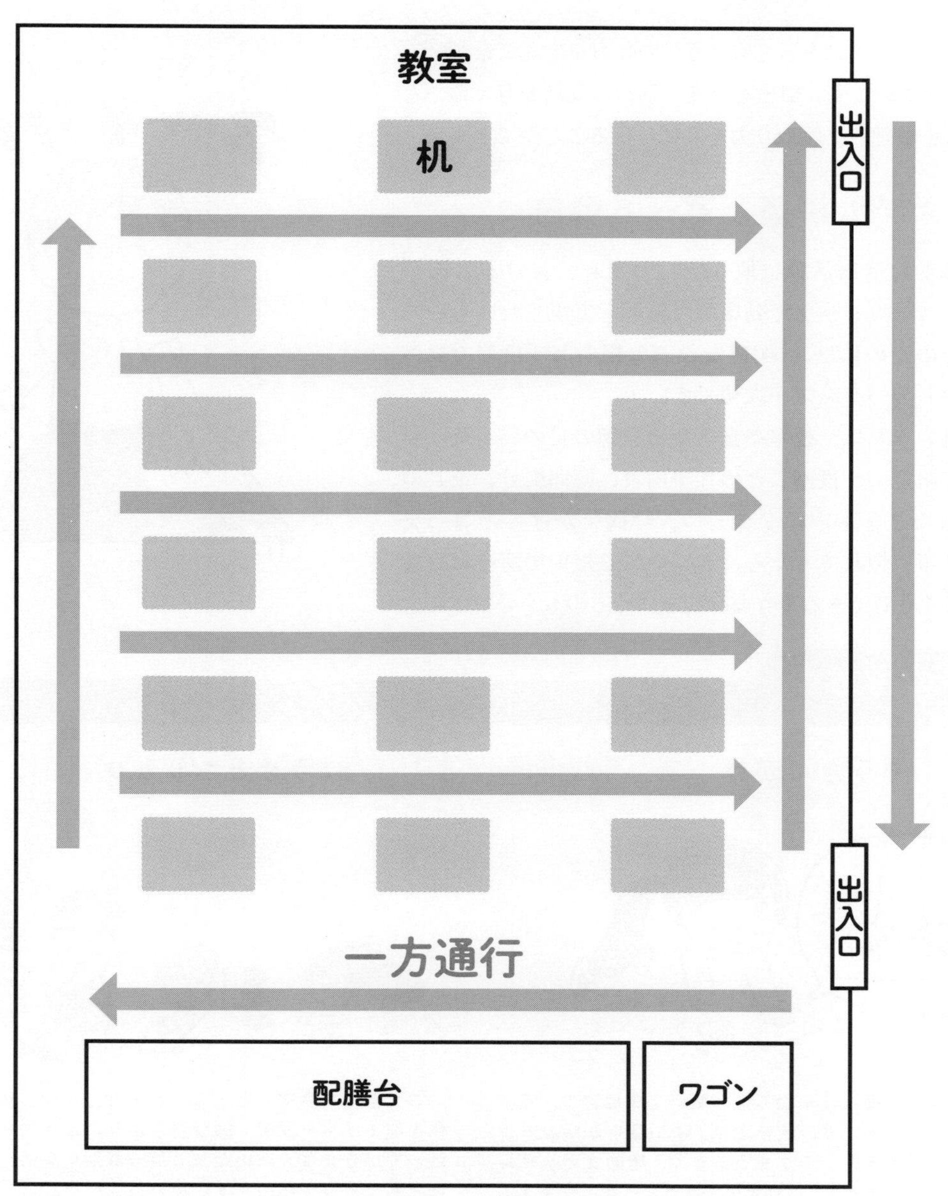

清掃指導

清掃指導のポイント

✓明確な役割分担
✓自分で選べる余白

清掃力は人間力

最近は、大人にとってもそうじの仕方を学ぶことがブームとなっています。環境を整え、物に居場所を与えることで思考を整理し、段取り力を身に付けることができます。

システム構築と選べる余白

主体的に清掃活動に取り組む力を身に付けると同時に、システマチックで効率的な指導も実現したいものです。そのためには、「明確な役割分担」と「自分で選べる余白」のバランスが大切です。

４月のうちは、教室や廊下など教師の目の届くそうじ場所に限定し、役割ごとの仕事内容、時間配分、道具の使い方などを丁寧に一つ一つ、時間をかけて指導します。仕事に慣れてきたら、きれいにしたい場所を自分で探してそうじできるような時間をつくるのもよいですね。

指導の留意点

01 ぞうきんがけ

ぞうきんは横に長くなるよう開いて床に置き、両手を広げて押さえます。腰を上げ、手に重さが伝わるようにして進みます。こうすることで、床面とぞうきんが密着し、しっかりと汚れを拭き取ることができます。

02 ほうきとちりとり

ぞうきんを先導するようにして進みます。絵の具で色を塗るイメージで、塗り残しがないように一方向にはいていきます。はいたゴミは一箇所に集め、小ぼうきとちりとりで集めます。集める場所をビニールテープなどで示しておくのもよい方法です。

03 机運び

１年生のうちは、机は２人で向かい合って運ぶとよいでしょう。椅子は机の上に上げて机と同時に運ぶか、１人で椅子のみを運びます。机運びとぞうきん、ほうきが上手に入れ違えになるようにするとスムーズです。

04 その他の場所

黒板は板面と受けの部分を拭き上げます。子どもの机や教卓などは、専用のぞうきんを用意し、きつく絞って水拭きします。また、窓のサッシや棚の整理など、教室環境に応じて当番を割り当てていきます。

授業参観・懇談会

ねらい

保護者に、学校・担任に安心して子どもを任せられるという信頼や安心感をもってもらう。

指導のポイント

入学式後、保護者が初めて学校の子どもたちの姿を見るのが授業参観です。保護者は我が子がどのように授業を受けているのかはもちろん、我が子の担任がどのような授業をしているのかに関心をもっています。

また、４月の懇談会は、どのような教育方針で学級経営をしていくのかを初めて詳しく説明する場です。授業参観での子どもや担任の姿と懇談会で語っている中身を一致させることが、保護者への安心感につながります。

おだんごとり

17このおだんごがあります。
ふたりでこうごにたべます。
1かいで3こまでたべることができます。
さいごのおだんごをたべるとまけです。

◎どうやったらかてる?

せんせいはかならず
①こうこうをえらんでいる。
②4、8、12、16ばんめの
おだんごをたべている。

活動の展開

01 授業参観

子どもたちが生き生きと活躍する姿を保護者の方に見せることができるかを考えて授業を選びましょう。例えば、国語であれば、音読やひらがな練習・ことば集めを、算数であれば、見ている保護者も考えられる決まり発見のある問題などがよいでしょう。

例：おだんごとりゲーム

ノートの左からおだんごに見立てた〇（丸印）を17個一列で子どもたちに書いてもらいます。一番右のお団子はからし入りで●（ぬりつぶしの丸印）にします。

①隣同士２人で勝負。先攻・後攻を決めます。
②先攻は左から３個まで（１個or２個or３個）の範囲でおだんごを食べます。食べたおだんごは斜線で消しておきます。
③後攻は先攻が食べた続きから、同じく３個までの範囲でおだんごを食べます。
④それを交互に続けていき、最後の17番目のからし入りおだんご（●）を食べた方の負けです。

しばらく子どもたち同士でおだんごとりゲームをした後に、今度は代表の子と先生で勝負をします。すると、なぜかいつも先生が勝ちます。そこから必勝法を探っていきます。

ちなみに、必勝法は後攻をとり、４の倍数である４・８・12・16番目のおだんごを食べて先攻の相手に渡すことです。

ゲームをしよう！

1 2 3 ④ 5 6 7 ⑧ 9 10 11 ⑫ 13 14 15 ⑯ ⑰

4がつ ○にち（ ）

／（白の斜線）：先攻（子どもの代表者）
＼（赤の斜線）：後攻（先生）

02 懇談会

1年生の保護者にとっては、初めての懇談会です。子どもたちとは違い、保護者はこのたった1日の印象が全てとなります。ですから、授業同様に懇談会でどのような話をするのかは十二分に検討する必要があります。服装や話し方も不快感を与えないか注意が必要です。

話す内容は、大きく2つ。まずは教師の教育方針です。学級経営というくらいですから、どのようにクラスを経営するかという方針を堂々と話しましょう。未来の社会の状況、もっと近いところでいうと高学年で望む姿などから逆算してどのような子どもたちを育てたいのかを話すとよいでしょう。

2つ目は、保護者の方へのお願いです。特にトラブルへの心構えです。1年生にトラブルはつきものであり、成長のためにも必要なことであると事前に伝えておきます。そして、クラス全員の保護者としてクラスの子どもたちの成長を温かく見守ってほしいとお願いします。事前に説明することで、何かトラブルがあったときの保護者の対応が大きく変わります。

会の最後には、「何か困ったことがあればいつでもお伝えください。1年間どうぞよろしくお願いします」と自信をもってあいさつしましょう。

時間があれば、保護者同士交流する時間を加えたり、4月の子どもたちの様子を伝えたりするとよいです。

トラブル（子ども同士）

ねらい

いつ、どこで、何が起こったのか順序よく話し、相手の立場になって考えることができる。

指導のポイント

子ども同士のトラブルが起こると、先生は事実確認をします。子どもの話は前後関係がおかしくなったり、「いつ」「どこで」などの具体的な事実が抜け落ちていることがあります。子どもたちから双方の言い分を聞き、気持ちに寄り添います。ここでのポイントは３つです。

①前後関係を把握すること
②事実を明確にすること
③相手の立場になって考えさせること

指導の展開

01 一人ずつ話を聞く

一人ずつ話を聞くのは、事実確認の基本中の基本です。まず、一人ずつ双方から話を聞きます。場合によっては、複数人いる場合もあります。まず、被害を受けた方から話を聞くとよいでしょう。関係している子どもたちを全員集めて、一度に話を聞こうとすると、言い合いになる場面があります。一人ずつじっくり話を聞いて、子どもたちに寄り添いましょう。

また、事実確認は「いつ」「どこで」など５Ｗ１Ｈで話を明確にしていくことが大切です。さらに「はじめに」「次に」など前後関係をはっきりとさせておくことが大切です。聞き取ったことは必ず、記録をとっておきましょう。

02 実際に演技をする

双方の話を聞き終わったら、話を噛み合わせていきます。一人ずつ聞き取った内容は、貴重な情報です。しかし、子どもは自分の印象に残ったことを中心に話をしたり、話の前後関係が分からなかったりします。そのため、双方の意見の食い違いが出てきます。ですから、子どもたちに実際に演技をさせます。

ここで大切なのは、体の向きや歩く方法、たたいた方の手は右手か左手かなど、詳細に再現させることです。先生はその現場にはいなかったのですから、実際の様子を見ていません。子どもたちに演技をしてもらうことで、子どもたちからの聞き取りを具体的に確認することができます。

ポイント
- 5W1Hで事実確認をする
- 演技をさせて、聞き取りを具体化する
- トラブルの起こった現場で確認する

03 実際にその場所で確認する

先ほどの演技に加えてここで大切なのは、実際にその場所で確認をすることです。なぜかというと、演技をしながら、「そういえば、こんなこともあった」など、新たな事実も出てくるからです。可能ならば、演技をさせる場所は、トラブルが起こった現場がよいと思います。

ただ、子ども同士のトラブルは、登下校中など学校外の場合もあります。その時は、Googleマップのストリートビューなどを使うと効果的です。実際の写真を見て、場所も移動できるので、子どもたちの話と照らし合わせることが可能になります。

04 相手の立場で考える

「先生もその気持ち分かるよ」「それはつらかったね」など、子どもの気持ちに寄り添うことが大事です。子どもが落ち着いて話をするようになるからです。子どもが落ち着いたタイミングで「もし、相手のAさんだったらどんな気持ちになるかな？」と聞いてみましょう。

すると、子どもは「私も嫌な気持ちになると思う」など、相手の立場で考え始めます。低学年のうちは、相手の立場で物事を考えることは簡単なことではありません。ですから、相手の立場で考えることができたら、「Bさんも嫌な思いをしているのに、相手のAさんの気持ちも考えられるなんて、とても優しいね」など、価値付けするとよいでしょう。

1年生を迎える会

ねらい

全校児童から歓迎され、これからの学校生活に期待をもつことができるようにする。

指導のポイント

4月の後半、子どもも学校生活に慣れてきたころに「1年生を迎える会」が実施されます。1年生にとっては初めての共同行事となります。

1年生には、全校児童や教師全員が入学を祝福していることを実感させ、「学校は楽しいところ」「お兄さんお姉さんや先生は優しい」と、これからの学校生活に期待がもてるようにさせましょう。

プログラムの例

1年生を迎える会プログラム

司会：児童運営委員会

1．1年生入場
　曲：「ドキドキドン！一年生」
　（作詞：伊藤アキラ 作曲：櫻井順）
2．はじめの言葉
3．運営委員長の話
4．各学年の出し物
　・2年生
　・3年生
　・4年生
　・5年生
　・6年生
5．校歌斉唱
6．1年生からみんなへメッセージ
7．1年生退場
　曲：「一年生になったら」

活動の展開

01 事前指導

「1年生を迎える会」は、1年生にとって初めての共同行事ですので、期待に胸を踊らす子どもがほとんどでしょう。しかし、楽しくなるとけじめがなくなりやすくなります。以下の2つのポイントを抑えておきましょう。

①「1年生の入学をお祝いするために、全校のお兄さんお姉さんが集まって、みんなと仲良くなるための会です」と伝え、1年生のわくわくした気持ちを高めましょう。

②「2～6年生に、ありがとうの気持ちをもって参加しましょう」と伝え、目的を与えましょう。ありがとうの気持ちは、座り方や話の聞き方で伝えることができます。互いに思いやり溢れる会にしましょう。

02 1年生入場

全校児童からの祝福の拍手が鳴り響く中、1年生が入場します。たくましく成長した6年生と手をつなぎ、どこか誇らしい表情を見せる1年生。児童会が手作りした花のアーチが入場を鮮やかに彩ります。入場曲は「ドキドキドン！一年生」。テンポがよく、1年生の今の気持ちを的確に表現しています。

03 各学年からの出し物

各学年から歓迎の出し物があります。

例：２年生…アサガオの種のプレゼント
　　３年生…手作りペンダントのプレゼント
　　４年生…合唱
　　５年生…楽器の演奏
　　６年生…学校生活の様子を紹介する劇

各学年の出し物は、短い時間で準備していますので質よりも思いを大切にしています。１年生は、各学年の出し物を目の当たりにして、「こんなお兄さんお姉さんみたいになりたい」と実感することでしょう。よき先輩の姿は、１年生の心を大きく成長させます。

04 1年生からのお礼

「１年生を迎える会」では、お礼の言葉を伝えましょう。各クラスの代表の子どもが感謝の気持ちを伝えたり、学校生活で頑張りたいことを伝えたりします。また、お礼の合唱をすることもできます。「ありがとうの花」（作詞／作曲：坂田おさむ）の曲は、１年生でも歌いやすくおすすめです。

また、事後の活動として、各学年にお礼の手紙をプレゼントしましょう。当日は代表の子どもだけが感謝の気持ちを伝えましたが、一人一人がしっかり伝えることが大切です。

また、年間を通して他学年との交流の機会は限られています。チャンスがあれば積極的に交流し、上の学年が下の学年を支える環境をつくっていきましょう。

忘れ物

ねらい

子ども自身が、どうしたら忘れ物が減るか考えたり、忘れ物をしないように気を付けたりして行動できるようにする。

指導のポイント

忘れ物には、様々な原因があります。「忘れ物をしないように気を付けなさい」「何度言ったら分かるの」などと言うのは、あまり意味がありません。原因を考えながら、子どもと一緒にどうしたら忘れ物が減るか考えましょう。忘れ物が減ること自体も大切ですが、子どもが自分自身で「忘れないように○○しよう」などとどうすればよいか考え、行動できるようになることが重要です。

物を借りた後も大切

例えば、はさみを誰かに借りて返すときにどのように返しますか？　当たり前のように持つ部分を相手に向けて返しますよね。普段、自然にしていることでも、子どもたちにとっては“当たり前”ではありません。子どもたちの様子を見て、「今の渡し方いいね」など細やかに声をかけましょう。

忘れ物をして物を借りたときには、借りた物を丁寧に使う、返すときに「ありがとう」とお礼を言うなどを指導しましょう。教室に貸し出し用の鉛筆・赤鉛筆・消しゴムを用意しておくといざという時に役立ちます。

例えば、鉛筆を借りたら削ってから返すなど、返すときにどうすればよいのかも事前に伝えておきます。そういったちょっとしたマナーやルールが学級の土台になるのです。

指導の留意点

01 原因を探り、どうしたらよいかを一緒に考える

「先生、○○を忘れました」と、授業の始まりや途中に子どもたちが頻繁に言ってくる状況だと、授業はそのたびに中断してしまいます。まずは、教室に貸し出し用の用具を用意しておきましょう。もしかしたら、家にもなくて、自分ではどうにもできないのかもしれません。

忘れ物の指導をするときには、その原因に着目することが大切です。家にない、連絡帳を書いていない、書いてはあるけれど家に帰って確認していないなど原因を考えます。その上で、教師としての見通しをもちながら、子どもと一緒にどうしたら忘れ物を減らすことができるか考えましょう。原因を探ったり、対応を考えたりするプロセス自体が大切なのです。

02 取り組みを根気強く続ける

連絡帳に次の日の時間割や持ち物を書くように習慣付けましょう。大切なものは、付箋に書いて連絡帳の表紙に貼るという方法もあります。どの方法でも、はじめは先生と一緒に、だんだんと自分でできるようにしていきます。

毎日持ってくるものについては、ランドセルの見える場所にチェック表を用意して読みながら準備するという方法もあります。「こんな方法だと忘れないかな？」と子どもと話しながら進めます。

また、必要に応じて保護者と取り組みを共有します。子ども自身が見通しをもって生活したり、忘れ物がないかチェックしたりすることができるようにしていきましょう。

▶忘れ物を減らす支援ツール

見通しをもって自分で確認

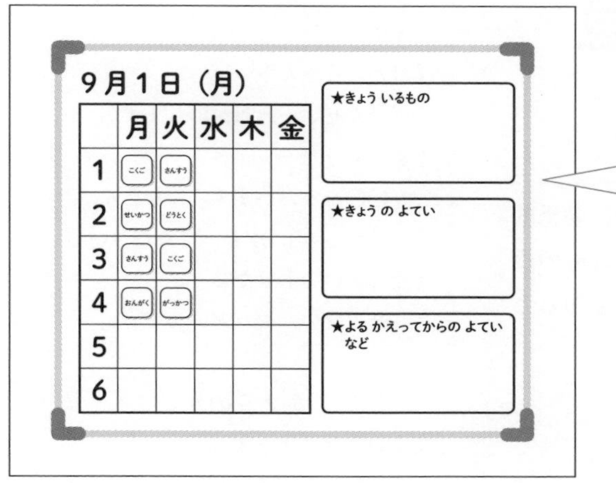

予定表と持ち物が書いてあるホワイトボードです。持ち物だけを書いたボードを用意するなど実態に合わせて用意します。１週間の予定を見ながら子どもが教科のマグネットを貼る→毎日確認して１日の終わりにその日のマグネットをとる→全ての教科のマグネットがなくなったら終わり、という流れで使います。子どもの近くに置けると便利です。保護者とも相談しながら活用を検討しましょう。

「あんしんチェッカー」（東京企画販売）

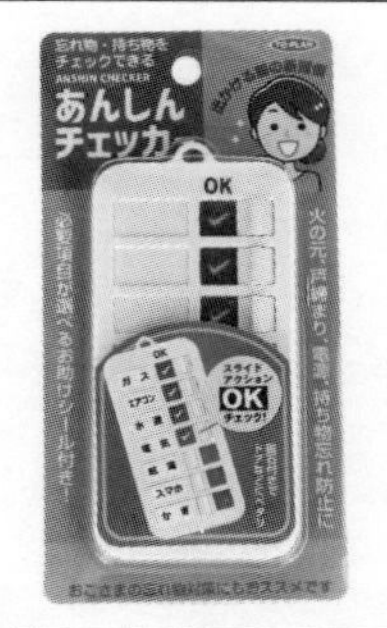

忘れ物をチェックすることができるグッズもあります。ランドセルに入れたらスライド部分を右にスライドさせて☑にします。保護者と連携して登校前のチェックに使ったり、下校時に忘れ物がないように活用することができます。

APRIL

4

4月　5月　6月　7月　8月　9月　10月　11月　12月　1月　2月　3月

朝の会・帰りの会・日直

ねらい

1年生の実態を考慮した、朝の会と帰りの会に効果的な教師の話や会の項目を考えて、子どもたちが日直の役割（授業のあいさつ、朝の会・帰り会の司会）を知ることができる。

指導のポイント

朝の会で一日が始まり、帰りの会で一日が終わります。安心した気持ちで始まり、うれしい気持ちで終えたいですよね。教師の話や会の項目を工夫してみましょう。

日直は、その日のクラス代表であり、注目される立場になります。1年生は代表として責任を負う経験が少なく、プレッシャーを感じる子どもの方が多いでしょう。はじめは教師が主体となり、徐々に子ども主体になるように育てていきましょう。

あさのかい

①あさのあいさつ
「きりつ、きをつけ、おはようございます。」

②けんこうかんさつ
「せんせい、おねがいします。」

③あさのうた
「○○をうたいます。みなさん、たってください」「すわってください。」

④せんせいのおはなし
「せんせい、おねがいします。」

かえりのかい

①よいことニュース
「うれしかったことややさしかったともだちはいましたか。はっぴょうしてください。」

②せんせいのおはなし
「せんせい、おねがいします。」

③かえりのあいさつ
「きりつ、つくえのせいとんをしてください、きをつけ、さようなら。」

活動の展開

01 一日の始まり、朝の会

①朝のあいさつは笑顔で元気よく
担任の先生が笑顔で元気一杯なことが、子どもにとって何よりの安心につながります。私情を引きずらず、子どもの前では常に笑顔です。

②健康観察は目と目を合わせよう
子どもたち全員と会話をするチャンスです。しっかり目を合わせ、子どもの健康状態や些細な気持ちの変化に気付ける教師になりましょう。

③先生の話は見通しをもたせる時間
一日の流れを確認し、一人一人に頑張るポイントを考えさせましょう。めあてをもって生活することは、安心や楽しさにもつながります。他にも「先生の面白小話・本の読み聞かせ・先生ゲーム」など、朝の雰囲気に合わせて話の内容を工夫してみましょう。

02 一日の終わり、帰りの会

①一日の頑張りを伝えよう
教師は、一日の生活の中で、誰のどんな行動が素晴らしかったのか、具体的に伝えてあげましょう。また、学級全体として、どのような成長が見られたのかを伝えるようにしましょう。うれしい気持ちで下校させることは、明日の安心につながります。

②明日の時間割を確認しよう
朝の会と同様に、見通しをもたせることは、子どもの安心につながります。

③楽しくなるひと工夫
帰りのあいさつの後に、じゃんけんをしてみましょう。意外と楽しみにしている子どもが多いです。

03 日直の役割（授業のあいさつ）

授業の始めと終わりのあいさつの号令をかけます。
例）「気を付け、これから１時間目の国語を始めます」
「始めます」

> ポイント
> 子ども同士の注意のし合いは控えましょう
> 悪い例：「○○さん、静かにしてください」
> 良い例：「みなさん、静かにしましょう」

「全体への声かけ」と「個人への注意」を履き違えると、「できる子」「できない子」の上下関係が生まれやすくなります。注意は教師の役目とし、子ども同士ならば「○○さんの座り方が上手です」とプラスの声かけができる関係がよりよいと考えます。

04 日直の役割（朝の会・帰りの会）

朝の会と帰りの会の司会を務めます。みんなの前に立ち、注目を浴びるため、目立つことが苦手な子どもにとっては不安な時間です。段階を踏んで、徐々に慣れさせていきましょう。

ステップ１：教師主体で司会をする
- まずは教師が日直の役割を説明しながら手本を見せることで、「分からない不安」を取り除きましょう。

ステップ２：教師と子どもで司会をする
- できそうなことは子どもに任せ、難しそうなことは教師が支援し、個々の実態に合わせて経験を積ませましょう。

ステップ３：子ども２人で司会をする
- ステップ２の経験を生かして、互いに確認し合いながら役割を務めさせましょう。

APRIL 4 4月 5月 6月 7月 8月 9月 10月 11月 12月 1月 2月 3月

学級通信

ねらい

・保護者に学校での子どもたちの様子を伝え、安心感をもってもらう。
・保護者に教育方針や意図を伝え、理解をしてもらう。

指導のポイント

保護者が学校に不安を抱く大きな原因は、学校のことが見えにくいからです。特に１年生の保護者の多くは、３月まで幼稚園や保育所に、毎日お迎えで訪れる機会がありました。そこで先生とも話します。

一方で、小学校は授業参観など限られた機会にしか保護者は学校に行けません。当然、先生と接する機会も減ります。その大きなギャップが不安を生み出します。だからこそ、学校側からの積極的な情報発信が不可欠です。

注意事項

○通信は誰に向けて書くのか？

保護者向けなのか、子ども向けなのかをはっきりさせておきます。両方に書きたい場合も、「保護者の皆さんへ」など対象を分かりやすく区別しておくとよいです。

○発行する前に必ずチェックを

保護者と信頼関係を築く道具であるはずの学級通信が、逆に信頼関係を損なうものになる可能性もあります。子どもの名前に間違いがないか、同じ子ばかりが通信で取りあげられていないかは注意して確認します。管理職や学年の先生にチェックをしてもらうとよいです。

○無理のない範囲で

学級通信は自分のペースで無理なく出すようにしましょう。毎日学級通信を書くことで、他の仕事にしわ寄せがきてしまっては本末転倒です。

活動の展開

01 第１号の学級通信に書くこと

①題名

クラスがどのような集団に成長してほしいのか願いを込めて、学級通信の題名を付けます。

②自己紹介

出身や好きなものなど開示しておくと、保護者と共通の話題ができることもあります。

③クラス全員の名前

家庭で友達の名前が知りたい場面が出てきたときに利用できるようにするためです。

④学級経営方針

これが初回の通信で最も重要です。どのようなクラスにしていきたいのか先生の思いを綴ります。入学式では、ここに書いたことを易しい言葉にして子どもたちに話します。

02 ２回目以降の学級通信に書くこと

①子どもたちの様子

写真とセットで日々の学校生活を伝えます。事実の報告だけではなく、「朝礼でよい姿勢で話をきいていました」など素晴らしい姿は積極的に保護者にも伝えていきましょう。

②教師の趣旨説明

授業や何かクラスで取り組みをするときには、それをやる意図を保護者に伝えておきます。すると、保護者も同じ方向を向いて協力してもらいやすくなります。

③持ち物

１年生の最初は文が書けないので、持ち物を連絡帳に書かせるだけでは伝わらないこともあります。念のため学級通信で伝えておきます。

▶学級通信の作成例

学級通信 No.1

スマイル

20×× 年 4 月 × 日

〇〇小学校

1年〇組担任　〇〇　〇〇

入学おめでとうございます

お子様のご入学おめでとうございます。春休みに教室の準備をしながら、どんな子どもたちがやってくるのかと非常に楽しみにしておりました。

保護者の皆様が大切にされてきたお子様を本日確かにお預かりしました。責任をもって、今日から子どもたち一人一人の成長を見守っていきたいと思います。

1年〇組の仲間

1〇〇〇〇
2〇〇〇〇

※名簿を載せます

明るく元気なクラス

1年生で最も大切なことは小学校という新しい場が楽しいと感じてもらうことです。一人一人の「〜したい！」という気持ちを大切にし、クラス全員が居心地のよいクラスをつくっていきます。そういったクラスへの思いも込めて、学級通信には「スマイル」という題名を付けました。

名前：〇〇　〇〇

出身：大阪府

趣味：ピアノ、テニス

好きな科目：体育

身体を動かすことがとても大好きです。1年生の子どもたちとたくさん走り回っていきたいと思います。

最後になりますが、よりよいクラスをつくるためには保護者の方の協力が必要です。
ぜひ、学級通信へのご感想などありましたらお気軽にお寄せください。
それでは、1年間どうぞよろしくお願いします。

学校探検

ねらい

学校にはどのような施設があり、どのような人が関わっているのかを理解することができる。

指導のポイント

この学習は生活科で行っている学校も多いと思います。１年生にとって初めての探究的な学習です。ここでのポイントは、素材との出会わせ方とゴールの設定の仕方です。子どもたちが思い思いに取り組んでいけるように支援していきましょう。今回は、数時間にわたって行う学習について紹介します。

素材の出会わせ方とゴールの設定

指導のポイントに挙げた、素材との出会わせ方とゴールの設定の仕方についてもう少し詳しくお伝えします。

素材との出会わせ方

よくやる方法は、先生がクラス全員を連れて、子どもたちの学習や生活で必要な場所を見せるという方法です。場合によっては、２年生や６年生に紹介してもらうのもよいでしょう。教室に戻ってきたら、「もう１回行きたい場所はあるかな？」と聞いてあげましょう。この時、子どもたちの発表する場所こそ、その子の探究していきたい場所なのです。このようにして、子どもと素材を出会わせていきます。

ゴールの設定

子どもの探究が進んできたら、ゴールの設定をします。例えば、子どもたちが保護者に学校の案内をするという方法があります。保護者に自分のお気に入りの場所を説明するために、子どもたちの探究にも熱が入ります。

活動の展開

01 学校にはどんなところがあるのかを知る

音楽室や保健室、トイレなど子どもが学習や生活で使う場所を子どもたちに見せていきます。学校の校舎図などを持たせておくとよいでしょう。できるだけ多くの場所を見せてあげたいので、ここでは簡単な説明にとどめます。

02 今度は自分が行きたい場所を決めて行ってみる

子どもが学校中を探検します。朝会などで事前に他の先生方にお知らせしておきましょう。当日は、子どもたちの取り組みの様子を見ていくようにします。学年の先生に協力してもらって、複数の先生で見守ると安心です。

03 自分で調べたり、インタビューしたりする

子どもたちと相談をして、保護者に学校案内をすることを決めておくと、調べる目的が明確になります。子どもたちは、保護者に上手に説明するために、自分で調べたり、インタビューをしたりします。ある程度調べたら、子ども同士で学校案内の練習をします。

04 学校案内をする

事前に学年の先生へ相談し、管理職の先生からの許可を得ておきましょう。また、事前に保護者にご案内の文書を配布します。当日は、子どもたちの取り組みの様子を見ていき、困ったことがあればサポートします。

学校で学ぶこと

学校で学ぶ意義

子どもたちの「なぜ勉強しないといけないの」という質問に、あなたならどう答えますか。

学校で子どもたちは何を学び、私たちは、未来を担う子どもたちに何を教え、何を育まなければならないのでしょうか。

学び方を学ぶ場

これまで、知識を習得することに大きな比重が置かれてきた学校教育ですが、知識はインターネットを介していつでもどこでも得られる現代においては、知識をどのように活用し、結び付け、いかに新たな価値を創造できるか、といった視点で教育を捉え直すことが極めて重要です。

学校のあるべき姿が「学び方を学ぶ」場としてあるよう、日々の教育活動のあり方を見直していくことが大切です。

多様な学びの場

学びの形が多様化する現代においては、子どもたちや保護者の求めるニーズも千差万別、十人十色です。

ホームスクーリングやフリースクールなど、「学校」だけにとどまらない学びの場を社会全体で子どもたちに保障していくことが求められています。

OECDラーニングコンパス2030

ラーニングコンパス（学びの羅針盤）とは

子どもたちは４月、希望と期待いっぱいで小学校に入学してきます。しかし、６年間の学校生活を終え卒業するとき、勉強が嫌いになってしまう子が少なくないことも事実です。これは、日本に限った話ではありません。経済協力開発機構（OECD）は2030年時代を生きる子どもたちに、私たち大人が育むべき５つの力を示しています。

〔参照元〕OECD/The OECD Learning Compass 2030（https://www.oecd.org/education/2030-project/teaching-and-learning/learning/）

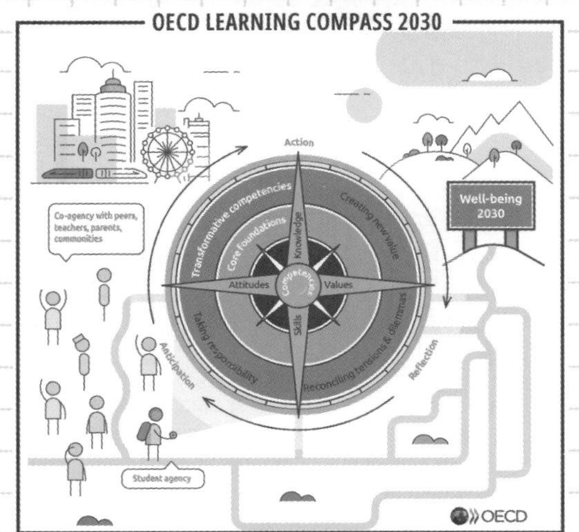

OECDが示す５つの力

1　エージェンシー

適切な和訳のない言葉ですが、「学びに向かう力、人間性」に近い力と捉えて間違いありません。自分の得意を自覚する、仲間と協力するよさを知る、挑戦する心をもつ、「きっとうまくいく」という希望をもつ、誰かの役に立とうとする、今より成長できる実感をもつといった心情を養うことで、社会で活躍したいという意欲を高めていくことが求められます。

―「できてうれしい！　やったことでだれかが喜んでくれた！」という実感→p.84、p.148

2　創造する力

予測困難な世の中において、創造力を発揮できる人を育てていくことは社会にとって必要不可欠です。創造する力のベースとなる「目的意識」「好奇心」「オープン思考」を子どもたちに身に付けさせることで、協力することのよさや先を読む力、危機調整力などを体験を通して学ぶ機会を保障します。

―「先生、やってみたい！」に応える学校・教師の余白→p.78、p.162、p.180

3　対処する力

私たちの生活の中で、「対立」や「葛藤」は避けて通れないものです。同時に、成長にとって欠かすことのできないチャンスでもあります。異なる視点や背景をもつ他者との対立から共感する力や相手への敬意を学び、「正しいかどうか」「できるかどうか」といった葛藤を通して問題解決力や柔軟性といった力を身に付けていきます。

―教師・大人が適度に解決に干渉しない覚悟→p.56、p.154

4　責任感

責任感の根源は、他者からの信頼です。相手から任せてもらえるから、それに応えようとする責任感が生まれます。では、どうすれば他者からの信頼を得られるのでしょうか。それは、相手に対する敬意と思いやりです。親身に話を聞いてくれ、誠意をもって対応してくれる相手を人は信頼します。

―教師が先回りしすぎない。時間がかかっても子どもに任せる→p.110、p.182

5　AARサイクル

PDCAサイクルがよく知られていますが、おおよそ同じものと思ってよいでしょう。課題に対し予測・計画（Anticipation）をし、実行（Action）する中で成果や課題について振り返り（Reflection）を行う、というサイクルを重ねていきます。

―計画と振り返りの機会を最優先にした学級経営→p.128、p.168、p.196

隙間時間の指導

「空白の時間」
を
意義のある時間に

▶個人差への対応

学習の進度は子どもによって様々です。じっくり取り組む子もいれば、あっという間に課題を終える子もいます。こうした差にどのように対応すればよいのでしょうか。

▶空白の時間を最小化する

課題が早く終わった子に何の指示もなかったとしたら、次々に路頭に迷う子が増え、クラスは大混乱に陥ることでしょう。全ての活動において、子どもたちに「空白の時間」を与えないようにする配慮が必要です。

早く終わったらどうするのか、してもよいことといけないことは何か、明確に伝えておくことが大切です。また、例外が出ないよう、いつでもどんなときでも統一したルールを決めておくとよいでしょう。

指導の留意点

01 ○×で示しておく

早く課題が終わったときの指示を、早い時期に確認して教室に掲示するとよいでしょう。特に、してはいけないことについては、明確かつシンプルに提示します。多すぎると徹底されないので、本質的なものに絞るようにします。

02 してもよいこと

基本的には、周りの迷惑にならず、静かに過ごすことであれば、学校事情やクラスの実態に応じて認めていくようにします。具体的には、読書や漢字練習、お絵かきや折り紙などもよいかもしれません。

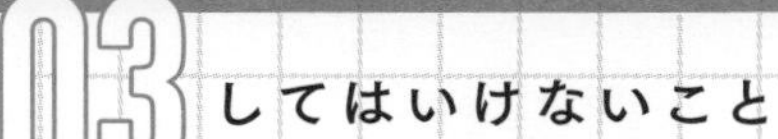

03 してはいけないこと

おしゃべりや離席については極力しないようなルールを基本とすべきです。読書やプリントなど、どうしても席を離れる必要のある場合についても、子どもたちと納得のいく形でルールづくりをしていくとよいでしょう。

04 空白が生まれにくい学習の流れ

1＋2＝3　4＋3＝7
～おわったらもんだいをつくってみよう～

そもそも空白の時間や学習の差が生まれにくい学習の流れを計画することは、特に低学年を担任する場合には大変重要です。同じスピードで楽しく学習できる工夫や、課題量を自分で選べる指示・発問などを意識しましょう。

個性のある子へのスタンス

ねらい

個性を受け入れ合い、クラス内の心理的安全性を高める。

指導のポイント

特徴的な個性をもっている人は、良くも悪くも目に付きやすいものです。「出る杭は打たれる」という言葉があるように、そういった個性は排他的に捉えられることが多いです。

このような経験から、子どもたちは自分の個性を出すことを恐れ、子どもたちは次第に個性を出さなくなってしまいます。そのため、まずは「全員の個性を全て受け入れてもらえる」と思える心理的安全性をつくり出すことを意識しましょう。

よい雰囲気のクラスにするために

心理的安全性があるクラスは、クラスが明るく朗らかな雰囲気になります。子どもたちが自然体で過ごすことができるからです。子どもたちはそれぞれ個性をもっており、その個性を安心して出すことができるということがポイントになります。

時として個性はプラスに働くこともあれば、マイナスに働くこともあります。マイナスに働いている個性に対して排他的な行動になる子も少なくありません。一見マイナスに働いているように見える個性も、見方を変えるとプラスに働くものになります。クラス全員がそういった見方ができれば、心理的安全性があるクラスへとつながっていきます。

まずは先生が「どんな子でも受け入れる」というスタンスをもちましょう。すると、それが子どもたちにも広がっていきます。

指導の留意点

01 子どもたちとの接し方

全ての子どもたちに対して、「先生に受け入れられている」と思われる行動をしましょう。日々、相手に伝える言葉で、それは表現できます。

例えば、「このクラスの子たちが大好き」「いつでもみんなの味方だよ」という言葉を子どもたち全員の前で伝えます。また、個人的に頑張っている様子を見つけたら一言声をかけにいったり、落ち込んでいる子がいればそっと励ましにいったりするようにします。

すると、子どもたちは「僕のことを先生はよく見てくれている」と感じるようになり、次第に子どもの方から話しに来てくれるようになってきます。自分からいろいろ話してくれる子であればよいですが、意思表示が苦手な子もいます。

そんな子に対しては、日記に対するコメントを他の子より少し密にしたり、ノートを集めたときにその子を呼んで話をしたりします。時に、自分にとって相性が悪く、少々接するのが苦手と感じる子どもも現れると思います。そういった子どもこそ、教師自身の人間性を豊かにしてくれる引き出しを増やしてくれる子だと思います。

そんな子に対してどんな声かけやアプローチがその子に「受け入れてくれている」と感じてもらえるのか、試行錯誤をして様々な手立てを取っていくのが大切です。そういった子が過ごしやすいクラスというものは、誰もが過ごしやすいクラスだと思います。

02 クラスへの伝え方

例えば「授業中に席に座っていられない子」がいたとします。周りの子も授業に集中できなくなってしまうのでその子に対して注意をします。こういった場面は、クラスに対して「今のその子の課題」を伝えるようにします。

まずはその子と課題を共有し、目標を決めます。そして「今、彼は『10分間集中して席に座る』ということを頑張っているんだ。みんなもそれを応援してくれるかな？」といったことをクラスに伝えます。そうすると、クラスの子も、その子が今頑張っていることが何か分かり、「今回は７分だったね、あと３分だったね」「今回は10分を超えたね！」といった前向きな声かけに変わっていきます。

また、リフレーミングの手法を使ってもよいです。リフレーミングとは、物事の捉える枠組みを変えることで、別の感じ方にもっていく手法です。

前述した「授業中に席に座っていられない子」は「自分の考えを素直に表現できる」と考えたり、「遅刻が多い子」に対しては「遅刻をしてでも休まずに登校できた」と捉え直したりすることができるかもしれません。子どもたちと「自分の欠点」と思うところをリフレーミングすることで、周りの子を見る目が変わり、自分の新たな長所にも気付くことができます。

こうすることで、教師だけでなく、子どもにも「個性を受け入れる」という雰囲気が伝わっていきます。

子どもの認め方

ねらい

学習や生活の場面で子どものよいところを褒めて、子どもが自分のよさを感じ、よい取り組みを継続できる。

指導のポイント

子どもの頑張りを認めるとき、「できたね」「がんばったね」というような言葉を使いがちです。しかし、これでは何を頑張ったのかは子どもには伝わりません。そこで、何がどうしてよかったのかを具体的に伝えて認めるようにしていきます。

指導の展開

01 5W1Hを使って認める

指導のポイントでは、「何がどうしてよかったのかを具体的に伝えて認める」と言いました。最も簡単な方法は、5W1Hを使って褒めることです。

例えば、体育の体ほぐしの運動遊びでは、ゆりかごなど、マットの上で転がる遊びをすることがあります。上手に転がった子に「膝をうまく抱えていたのが上手だね」「背中を丸めてうまく転がれたね」など、何をしたのがよかったのかを伝えて褒めるようにします。

無意識に転がっていた子も「膝を抱えればいい」「背中を丸めるといい」など上手にやるコツを明確にすることができます。

02 やろうとしたことを認める

これは、結果的にうまくいかなくても、取り組んだことや、やろうと思った気持ちを褒める方法です。

例えば、発表しているうちに何を言うか分からなくなってしまうケースです。ここで、「自分の分かるところまできちんと発表できてたね。みんなどう思う？」と聞き手の子どもたちに聞いてみましょう。聞き手の子どもたちは「途中までだったけど、自分の考えを言えたのはえらい」などと言ってくれるでしょう。

すると、ちょっと勇気がなくて取り組めなかった子も次はやってみたいと思って取り組むようになります。ここで大切なのは、「よい行いをまねして認めてもらう」というサイクルを回していくことです。

03 自分自身を認める

認めるのは先生だけではありません。自分の取り組みを振り返り、自分自身を認めていくこともとても大切なことです。自己肯定感につながるからです。

授業の終わりに、自分の頑張ったことやできるようになったことを発表したり、学習感想に書いたりする時間を取りましょう。

その際に、自分の頑張ったことやできるようになったことをクラスで聞き合う時間を取ってみるとさらによいです。なぜかというと、もっと自分がよくできるポイントを聞けるからです。それに、「僕も（私も）同じだった」と安心感にもつながるからです。

04 友達が認める

帰りの会で友達のよかったことを発表するコーナーをつくってみましょう。「〇〇さんが私が落とした鉛筆を拾ってくれた」「僕がけがをした時に、一緒に保健室へ行ってくれた」など、先生も気付かなかったことを子どもたちは発表してくれます。

友達のよいところを発表したら、クラス全員で「ナイス！」とかけ声を合わせるのも面白いです。クラス全員で認めているという一体感が生まれます。

また、友達のよいところを発表した子も褒めてあげるのもとてもよいです。友達のよいところを見つけるのは素晴らしいことであることに意外と気付かない子どもも多いのです。

注目のさせ方

ねらい

教師が話す前に、子どもが素早く注目できるようになる。

指導のポイント

教師が話をするときは、話す前にまず注目させることが大切です。１年生の実態として、人の話を聞くことが得意ではなかったり、教師が話そうとしていることに気付いていなかったりする子どももいます。

そのような子どもに、決して怒らず注目させるにはどうしたらよいのでしょう。また、楽しく注目させるにはどのよう方法があるのでしょう。怒鳴る注目のさせ方は、恐怖心を与え、不登校につながる可能性があるため注意が必要です。

活動の展開

01 「先生がお話をします」と前置きをする

１年生は自分のことをたくさん話したい時期です。自分の話に夢中になってしまうと、なかなか教師の話に気付かないものです。突然話を始めてしまうと大事なことを聞き逃してしまう可能性があります。

教師が「先生がお話しをします」と、真剣に話をしようとする姿勢を見せましょう。そして、一人一人と目を合わせていきましょう。ほとんどの子どもがこの時点で注目ができるはずです。

騒がしいとき、静かになるまでじっと待つ方法は、発達段階が遅く気付けない子どもにとっては効果がないため有効とはいえません。

02 注目ができている子どもを褒める

しっかりと目が合い、注目ができている子どもはどんどん褒めてあげましょう。「〇〇さんは反応が早いね」「〇〇さんはしっかり目が合うね」「〇〇さんは聞く姿勢も素晴らしいね」など、褒め方はたくさんあります。

褒められると次も頑張ろうとする気持ちを高め、できていない子どももまねをしようと努力します。今まで、できていなかった子どもができるようになったときは見逃さず褒めましょう。

逆に「〇〇さん話をやめなさい」や「〇〇さんは注目が遅い」などネガティブな声かけは、自己肯定感を下げたり、友達同士で注意し合うことが始まったりして、学級経営においてよいことがないのです。

03 楽しく注目させる①

注目のさせ方として、ゲーム的な要素を取り入れる方法もあります。

リズム拍手

① 教師が、手を３回たたく
② 子どもも、手を３回たたく
③ 注目を確認し、話を始める

慣れてきたら、リズムを変えてみましょう。
例）「ターンタタン」
「タンタンタタタン」
「タンタタンタタン」など。
遊びの要素が強くなると、「注目させる」という目的がブレてしまうので注意しましょう。

04 楽しく注目させる②

注目のさせ方として、手遊び歌を取り入れる方法もあります。「とんとんとんとんひげじいさん」（作曲：玉山英光）など、幼さを感じるかもしれませんが、歌は気持ちをそろえる有効な手段です。

APRIL

4

4月 5月 6月 7月 8月 9月 10月 11月 12月 1月 2月 3月

一人一人を大切に

ねらい

子どもたち一人一人を大切にする指導・支援を行い、それを子どもたちが感じることができるようにする。

指導のポイント

学級にいる子どもたちは一人一人違う存在です。感じ方や考え方もそれぞれでしょう。だからこそ、教師が理解しようと努め、一人一人を大切にする必要があるのです。

それぞれを尊重すること、そして、子どもたちが大切にされていると感じるようにしていくことは、学級経営で最も大切なことの一つです。

年間を通じた意図的な取り組みを

年間を通じた継続的な関わりは、子どもたちの心に伝わります。

- 誕生日の子にみんなから歌のプレゼントをする
- 一人一役の当番決め、頑張って活動しているときにさりげなく声をかける
- Ａ５のノートを３分の１程度に切ったものを“先生あのね”などと題名を付けて、週に一度くらいやり取りをする
- 実行委員を決めるなど子どもたちが活躍する機会をつくり、その活動を認めていく

方法は様々ですが、子どもたちの実態と先生の働き方にあった方法を選ぶことが大切です。

もちろん、授業での関わりも大切です。子どもたちの意見を聞くときにうなずきながらしっかり聞くこと、子どもとの対話を大切にしながら授業を進めましょう。

指導の留意点

01 子ども理解を広げる・深める

一人一人を尊重するためにはまず、子どもをしっかり見ることが大切です。前年度からの引き継ぎを把握するのはもちろんですが、目の前にいる子どもを日常的な関わりの中で理解できるように努めることが重要です。

朝のちょっとしたおしゃべり、休み時間一緒に校庭で遊んでいる時の様子、普段の何気ない関わりから子どもたちへの理解を広げ、深めていきましょう。

特に、子どものよいところを見つける機会を大切にし、見つけた時にこまめにメモをしておきましょう。

02 普段と行事で

子ども理解をもとに、その子にこまめに関わることが大切です。単純接触効果（ザイオンス効果）という心理的な現象があります。接触頻度が多くなるとその対象に好意的になるという現象のことです。普段から何気ない関わりを意識的にしていきましょう。（休みの日に～行くって言っていたな）「〇〇行ってどうだった？」（絆創膏を貼っているな）「けがしたの？」その子がきっと聞いてほしいことを聞くことも有効です。

気付いたらあの子と全然話してないな、ということもあるかもしれません。自分から話しに来ない子には、特に意識してコミュニケーションを図る必要があります。その子のよいところが見えた時も声をかける大切な機会です。温かな声かけを心がけていきましょう。

一人一人が大切にされていると実感できるような工夫

自己紹介カード～書きやすく工夫して～

ねん　くみ　なまえ ＿＿＿＿＿　がつ　にち

しつもん

● **すきなもの**

たべもの ＿＿＿＿＿

おんがく ＿＿＿＿＿

あそび ＿＿＿＿＿

どうぶつ ＿＿＿＿＿

● **おやすみ**（がっこうが　やすみ）**には…**

＿＿＿＿＿ をすることがおおいです。

● **せんせいあのね**

せんせいに　つたえたいことを　かきましょう

書き込み式にして記入しやすくしています。質問の意味が分からなくて書けない、ひらがなを書けないなどといった場合もあると思います。１つずつ説明したり、書く内容を選択式にしたりするなどいろいろな工夫をする必要があります。また、アンケートはとった後が重要です。特に「せんせいあのね」の欄に書かれていたことについては、内容に合わせて声かけをしましょう。

一人一人を大切にするための掲示

○誕生日の掲示物

○学級の取り組みを掲示に

ポイント　記録をとる

人間は忘れやすいものです。１週間も過ぎれば、教室であった様々なことをかなり忘れてしまっているのではないでしょうか？　そこで、こまめな記録が大切になります。記録をたまに読み返して、それを関係づくりに生かしましょう。

学級レク

ねらい

・クラスの仲間との関係を深めていく。
・他者の話を聞く姿勢をつくる。

指導のポイント

学級レクは、遊びだから不必要だという意見もあります。しかし、学級レクをやるメリットはとても多いです。まずは、何よりも子どもたちが夢中になり、クラスが明るくなります。次に、子どもたち同士の仲を深めることにもなります。さらに、実は子どもたちに先生の指示を聞くように伝える場にもなります。ルール説明などを聞かないと、そもそもゲームが成り立たないからです。

いろいろな学級レクの紹介

01 命令ゲーム

①「命令です、手を挙げましょう」のように先生が様々な指示を出します。子どもたちはその指示に従っていきます。
②しかし、先生の指示の前に「命令です」が付いていない場合、例えば「手を下ろしましょう」のみの指示には、従ってはいけません。

ポイント
・一番大切なのは、失敗を楽しむことです。失敗を笑えるような雰囲気をつくっていきましょう。
・上から下への（例えば「立つ→座る」「手を挙げて→下ろす」など）動作はひっかかりやすいです。

02 お絵かき伝言ゲーム

①教室の列などを使って、いくつかのグループを作ります。グループの中で順番を決めて、１番目の子どもだけにこっそり先生が「犬」など絵のお題を伝えます。
③60秒で、１番目にかく子がお題の絵をかきます。その時に他の子はかいている絵を見てはいけません。
④60秒後、１番目の子がかいた絵を２番目の子に見せます。２番目の子は、１番目の子の絵だけを見てお題を想像し、60秒で想像したお題の絵をかき、３番目の子に見せます。
⑥最後の子まで同じように繰り返し、最後の子が最初のお題が何だったのかを当てれば成功です。

03 サイレントチェーン

①「誕生日が早い順」「名前のあいうえお順」などお題を決めます。
②そのお題の順番に一切しゃべらずに、ジェスチャーなどだけでコミュニケーションをとりながら並びます。

発展

これを発展させたものとして、無言で仲間づくりをするゲームもあります。「好きな動物」などテーマを与えて、ジャスチャーだけで同じ動物ごとにグループを作ります。同じ動物ごとにミスなくグループができていたら成功です。

04 拍手で集合

①先生が手をたたいた数だけの人数で、グループを作ります。例えば、３回拍手したら３人グループで輪を作ります。

ポイント

・クラスの人数によっては、あまる子が出てしまいます。その時に周りの子の声かけをよく観察しておきます。そして、あまった子に「私のグループに入っていいよ」など優しく声をかける子を全体の前で価値付けてあげましょう。すると、次にあまった子がいた時に、仲間に入るように声をかける子が増えるはずです。
・最後はクラスの人数だけ手をたたいて、大きな輪を作ると、盛り上がります。

環境づくり

ねらい

子どもたちが授業に集中できる、安心して過ごすことができる環境をつくる。

指導のポイント

居心地がよく授業に集中できる教室にすることは、学校生活で子どもが意欲的に学び、楽しく過ごすためにとても大切です。

そこで欠かすことができないのは、教室環境を整備したり、学習のルールを分かりやすく伝えたりすることです。黒板の周りをシンプルにする、学習用具を机の上に置くときに場所をある程度決めるなど、一つ一つの指導や環境の積み重ねが大切です。

支援グッズ

ちょっとしたときに使える便利な支援グッズもあります。

①タイムタイマー（TIME TIMER）

時間を見える化するタイマーです。時間の経過が一目見て分かります。

（株式会社ドリームブロッサム社）

②声メーター

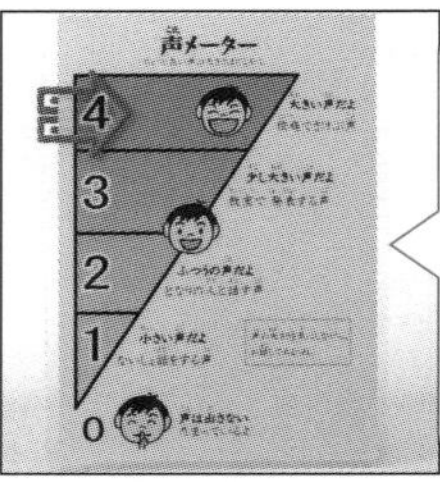

声の大きさを見える化するグッズです。手元に置いて、声の大きさを確認することができます。

（発達障害サポートショップFLY!BIRD）

指導の留意点

01 環境を整える視点

教室にいる子どもたちが楽しく授業に参加したり、落ち着いて過ごしたりするための視点として「構造化」があります。「構造化」とは、生活や学習の様々な場面で、何をどうすればよいのかを分かりやすく伝えたり、設定したりすることです。特に、３つの「構造化」の視点を生かして環境整備をすると有効です。

①教室環境の構造化
②時間の構造化
③ルールの構造化

３つの構造化は、学級だけではなく、学年・学校としても共通理解を図りながら取り組むと、より効果があります。

02 教室環境の構造化

例えば、教室に置いてある物の位置を決めることは整理整頓の基本です。学級みんなが使う物の場所を決めると、物がどこにあるか迷うことが少なくなったり、もとの場所に戻すときにも困ることが減ったりします。

教室には、環境の変化に弱いという特性をもった子どももいます。掃除用ロッカーの中の用具やボールなどの置き場所が決まっていることは安心にもつながります。

みんなで使う物の場所がいつも決まっていると、その物がそこになければ誰かが使っているな、とすぐに分かって混乱もありません。

教室でできる“見える化”の工夫

提出物を入れる箱を分かりやすく示す工夫

提出物ごとに箱の色を変えておくと分かりやすくなります。

スケジュールを分かりやすく示す工夫

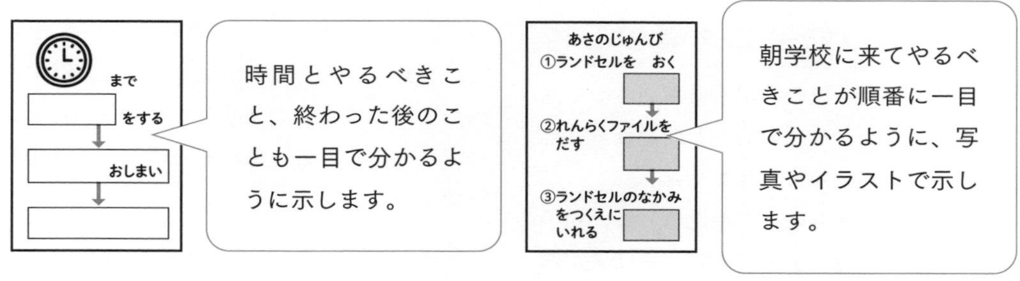

〔参考文献〕東京都日野市公立中学校全教師・教育委員会、小貫悟著（2010）『通信学級での特別支援教育のスタンダード：自己チェックとユニバーサルデザイン環境の作り方』東京書籍

03 時間の構造化

１日の学習予定や授業の見通しをもつことは、子どもたちが安心して過ごし、授業で課題に落ち着いて取り組むことにつながります。

例えば、授業の始まりに１時間の流れを示すと、次に何をすればいいのか確認できるようになります。遠足など行事の前に当日の行程を写真で掲示すれば不安が鎮まります。

ポイントは、時間を構造化し、目に見えるように（視覚化）することです。今やっている課題にマグネットなどで目印をすると、授業全体の流れの中でどの部分をやっているのかが分かりやすくなります。それは、課題への取り組み方について子どもたち自身が考えるためのヒントになり、学習の自己調整能力を高めることにつながります。

04 ルールの構造化

学級のルールをシンプルにする、そして、それを見えるようにします。１年生は、入学してから様々なルールを学びます。はじめからたくさんのルールが示され、しかも内容が抽象的だと、結果的にルールを守ることが難しくなってしまいます。

例えば、「しっかりとやりましょう」というルールは抽象的です。「～のときには～する」などと具体化します。さらに、そのルールを文字で示すなどして見えるようにします。

シンプルで分かりやすいルールを一つ一つ守り、積み重ねていくことで複雑なルールも守れるようにしていきます。なぜルールを守るのかについて考えることができるように子どもたちに話していくことも大切です。

あいさつ・返事の指導

あいさつ・返事は魔法のツール

元気なあいさつ、ハキハキとした返事。大切にしたい指導事項の一つです。あいさつは良好な人間関係を築く魔法のツールです。日常的な指導を心がけていきましょう。

あいさつの効果と指導の心得

当たり前のことと思われがちなあいさつや返事の大切さですが、なぜ大切かと問われるととっさには答えにくいかもしれません。

適切に交わされるあいさつや返事には、相手の心を和らげ、気持ちを前向きにする効果があります。また、「私はここにいます」という意思表示にもなります。さらに、警察庁の調べによると、あいさつや返事などの声かけには防犯効果があり、声をかけられることによって、犯行をあきらめさせたり、ためらわせたりする可能性が高まるということが明らかになっています。

また、教師自身が率先してあいさつや返事をする姿を示すことも大切です。出勤・退勤時や、廊下で人とすれ違う時など、普段の生活の中であいさつや返事がきちんとできているでしょうか。望ましい姿を子どもたちに身に付けさせる一番の近道は、教師自身が手本となって見せることです。

「やってみせ、言って聞かせて、させてみて、誉めてやらねば、人は動かじ」（山本五十六）という有名な言葉の中にもある通り、「やってみせる」を第一にしていけるよう意識したいですね。

指導の留意点

01 あいさつ・返事の指導

元気な声であいさつ・返事をすることは大切です。しかし、「元気な声」と「大きな声」は必ずしも同じではありません。耳を覆いたくなるような大きな声では、相手に思いは伝わりません。場所や相手との距離など、場に応じた声の大きさを意識できるような声かけが重要です。

また、相手の目を見ることも大切です。視線を合わせて、できれば笑顔で、欲を言うと、相手の名前も添えられると完璧です。

クラスにポスターなどを掲示し、意識を高めていくこともよいでしょう。

あ　あいてのめをみて
い　いいこえのおおきさで
さ　さわやかなえがおで
つ　つたわるように

02 指導のタイミング

あいさつや返事の指導は、日常的にどんな場面でも好機を逃さずに行うことが重要です。気持ちのよいあいさつができている子を見かけたら、「気持ちがいいよ」「元気が出るな」と、あなたの率直な気持ちを伝えましょう。

また、内気な子やおとなしい子の場合、元気なあいさつや返事をすることが難しいということもあります。うなずいたり、会釈をすることも適切なあいさつ・返事であることを伝え、その子に応じた指導を心がけましょう。

また、道徳や学級活動など、必要に応じてクラス全体に指導を行うことも効果的です。

やる気を上げる声かけ

▶やる気は学びの根源

学びの根源は「やる気」です。私たち教師の最も重要な仕事のうちの一つは、「やる気」を子どもたちから引き出すことです。ここでは、そのためのアイデアをいくつかご紹介します。

▶可能性の最大化を

１年生の子どもたちの多くは、幼稚園や保育所で最年長として卒園してきました。ところが、小学校に入学した途端に最年少として過小評価されがちです。「１年生だから」というものさしで可能性に蓋をせず、子どもたちの「挑戦したい」という期待にできる限り応えていけるような心づもりを意識しましょう。こうした大人の姿勢こそ、子どもたちのやる気を向上させる第一歩になります。

やる気を引き出すアイデア例

01 名人やプロ、博士を任命する

大きな声で返事ができる子は「お返事プロ」、算数が得意な子は「計算名人」、虫や草花に興味のある子は「生き物博士」など、それぞれの得意に称号をプレゼントしましょう。

02 叱りながら褒める

子どもに間違いや失敗はつきもの。大切なのは、次への行動変容をいかに促すことができるかです。叱りながらも、望ましい行動に導くための褒めの言葉を伝えるようにしましょう。

03 カメラの活用1

手の挙げ方、姿勢の正し方など、「しつけ」にあたる部分で有効なのがカメラ。テレビなどに接続し、リアルタイムで子どもたちの様子を映すと、一瞬で「ぴしっ」となります。

04 カメラの活用2

子どもたちの何気ない行動の中にある「すてき」な一瞬をカメラにおさめ、教室の一角に掲示しましょう。なるべく偏りのないようにまんべんなく紹介できるように心がけます。

5月 再スタートとたくさんの初めての5月

▶5月の目標

4月は、子どもたちは学校生活の基礎を覚え、小学校生活のよいスタートを切ったことかと思います。そして、5月のはじめには、ゴールデンウィークと呼ばれる長期連休があります。そのため、5月は心身ともにリフレッシュすると同時に、夏休みまでの残りの期間の再スタートと位置付けられる期間となります。学校生活を思い出すと同時に、少しずつクラスにも目を向けていけるようにしていきましょう。

5月の学級経営を充実させるために

●GW後の再スタート

先にも書いたように、5月にはGWがあり、4月に身に付けたことをもう一度確認し直して、再スタートを切ります。ですが、長い休みがあっても、完全なる0からのスタートではありません。4月に学んだことは子どもたちにしっかりと残っています。4月の成長したポイントをまずは先生自身が見取り、子どもに伝えていきましょう。そうすることで、子どもたちは自分自身の成長にも目を向けた上で、よい再スタートを切ることができると思います。

●初めての学校行事

「遠足」や「運動会」といった初めての学校行事もあるのではないかと思います。初めての学校行事では、多くの子どもたちの個性を見取ることができます。

そんな個性をお互いに知り合い、認め合う環境がつくれると、より一層クラスは子どもたちにとって安心感ある空間へとつながっていくのではないかと思います。

子どもたちの特性や個性をまずは先生自身が見取り、「どんな子でも受け入れる」という姿勢をもちましょう。そうすると、その姿勢はクラスの子どもたちにも広がっていきます。

注意事項

4月は、子どもたちも、新しい環境に対する「緊張」や「希望」の気持ちを強くもって入学をしてきます。しかし、実際の学校生活を送っていくなかで、学校に対する頑張りの気持ちが薄れてしまい、不登校へとつながるケースもあります。子どもの気持ちの変化にも気を向けられるとよいです。

みんなの「すきなこと・にがてなこと」

▶ねらい　みんなの得意や不得意を知って、他者尊重の意識を芽生えさせる

クラスメイト一人一人、好きなことがあれば苦手なこともあることを知って、自分を認め、他者を認め、支え合うことの価値をみんなで共有する。

活動例

●絵本の読み聞かせ

『すきなこと　にがてなこと』

新井洋行作、嶽まいこ絵（2021）くもん出版

ぼくはスポーツがだいすき。とくにボールをつかうとだいかつやくだよ。でもね……みんなのまえにでてはっぴょうするのはにがてなんだ。こんなときははなすのがだいすきなりんちゃんがいっしょにはっぴょうしてくれるよ。

（同本より引用）

人それぞれ、得意なこともあれば苦手なこともある。それでもその苦手なことをお互い知っているからこそ、他者を思いやることができるし、助け合うことができます。

以前、私が担当する子に「ピストルの音」が苦手な子がいました。運動会では徒競走の開始などのとき「ピストル」で合図をします。そんな子に対して、どうすればよいのかクラスのみんなでアドバイスをしました。「そのとき耳をふさげばいいよ」「ピストルを見ているといつ音がなるのか分かるよ」といった子どもたちならではの言葉かけがありました。当日その子は晴れ晴れとした表情で運動会に参加していました。こういった声のかけ合いから、子どもたちの他者尊重の気持ちが育ってくるのではないかと思います。

活動後のポイント

実際に、好きなこと・苦手なことを発表し合ってみましょう。ただ、苦手なことは発表しづらいこともあるので、はじめは先生があえて苦手なことを伝えてもいいでしょう。先生があえて「弱み」を見せることで、子どもたちも「苦手があっても大丈夫なんだ！」という意識につながります。

行事

ねらい

運動会や遠足など様々な行事に安心して参加できるようにする。

指導のポイント

運動会や遠足など、学校の様々な行事を楽しみにしている子どもたちがたくさんいます。一方で、行事ではいつもと雰囲気が違ったり、時間の区切りが違ったりして落ち着かなくなる子どもたちがいます。

見通しのもちにくさから不安になる子どももいます。行事の際には必要な配慮をして、子どもたちが楽しく参加できるようにしていきましょう。

行事のお助けグッズ

イヤーマフ

音の刺激を和らげてくれます。遮音性は製品によって違います。

(3M™PELTOR™イヤーマフHIOA／スリーエム ジャパン株式会社)

運動会スケジュールカード

一目見て分かりやすいスケジュールカードです。教室に掲示したり手元に持ったりします。

うんどうかいのながれ　1ねんせい

じかん	やること	しゃしん
あさ とうこう	○がっこうに　いく	
8じ 30ふん	○きょうしつで　まつ ○せんせいと　こうていに　いく ・すいとう　・バッグ ・マスクいれ ・ビニールぶくろにいれたぼうさいずきん	
	○こうていで　たいそうのたいけいに　ならぶ ○そのまま　まつ	

指導の留意点

01 見通しをもてるように

行事では、見通しがもちづらい場面がたくさんあります。楽しみにする気持ちがある一方で、いつ何をすればよいのか分からない、失敗したらどうしよう、そんな不安を感じている子どもたちがいます。見通しをもてるように工夫することは、不安な子どもにも、そうでない子どもにも、安心感を高め、行事を楽しめるようにする効果があります。

例えば、運動会では進捗が分かるように、練習の全体計画を示す、練習の後にどこまで進んだかを確認するなどします。行事によって手立ては違いますが、不安を感じる子どもたちがいることを心に留めて指導・支援しましょう。

02 事前指導をしっかりと

行事をよりよいものにするために事前指導が重要です。まず、その行事のめあてを理解できるように指導しましょう。その上で、具体的な日程や注意点を伝えます。

例えば、合唱の発表会が予定されている場合には、当日までの練習日程と内容を確認するとよいでしょう。教室には、当日までの練習内容などを簡単に書いたものを掲示しておくと流れを理解しやすくなります。内容を把握することで、落ち着いて参加できる子どもが増えます。

また、もし苦手なことがあった場合に子どもたちが自分自身でその“苦手”を把握し、友達と協力したり先生と相談したりすることにもつながります。

運動会での事例

1年生を担任したときに、ある子が朝「今日は運動会なの？」と校庭を見て怖がっていました。校庭にカラーコーンが整然と置いてあったからです。その子にとっては、運動会は何が起こるか分からない怖いものだったのです。理由は、音が怖い、急にみんなが違う服装をしていて不安など、様々なことが考えられます。

例えば、音が怖い子どもはイヤーマフを使う、大きな音が鳴る場合には距離をとるなど自己調整をする方法があります。徒競走などの際に使う雷管の音が怖い場合もあります。その場合は、メリット・デメリットについて職員で話し合い、雷管を使わない他の方法をとることも考えられます。

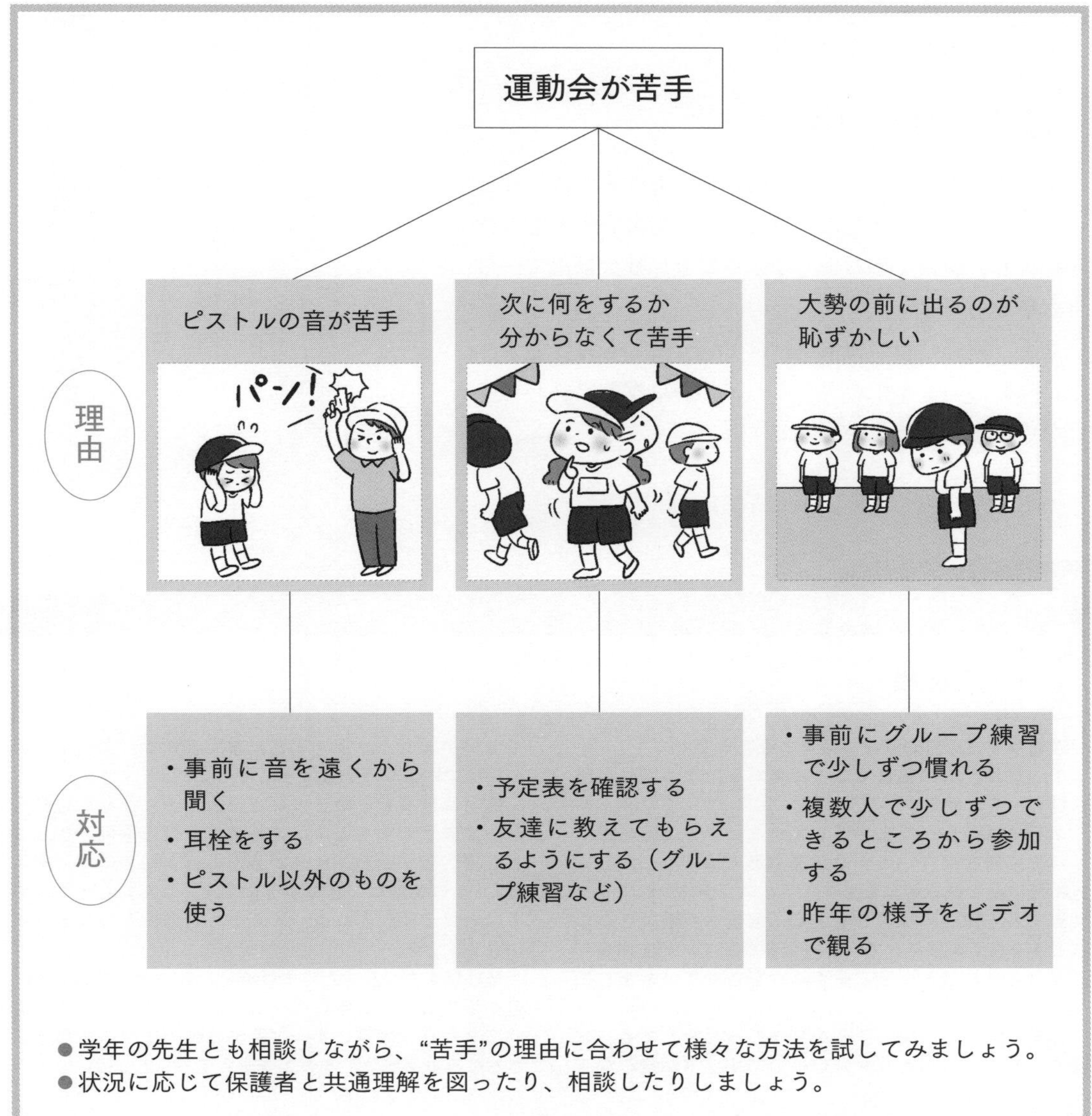

連絡帳・宿題

ダラダラと長い文で書くのではなく、箇条書きで簡潔に書くようにしましょう。国語のメモをとる力などにもつながります。

がつ	4
にち	9
ようび	火
れんらくすることがら	①さんすう…きょうかしょ、ノート ②こくご…きょうかしょ、ノート ③せいかつ…いろえんぴつ ④がっかつ…なし しゅくだい…さんすうプ　ドリル１２

ねらい

・子どもたちが自分自身で学校の準備ができるようにし、自己管理能力を高める。

・家庭学習の習慣を身に付ける。

指導のポイント

１年生だからといって、準備は全ておうちの人任せということではいけません。翌日必要なものを子ども自身が把握し、準備できるようにすることは社会に出てからも大事な力です。

また、家庭学習の習慣を付けていくことも重要です。学びはじめの１年生だからこそ、学びは授業で終わりではないと思ってほしいものです。

指導の留意点

01 連絡帳

連絡帳を書く目的は２つあると考えます。

１つ目は、文字を書くことに慣れる。２つ目は自己管理をするためです。

１年生はひらがなを学習していないから、連絡帳はしばらく書かせないという意見もあります。しかし、入学時に全くひらがなを書けないという子は少数です。幼児でも不完全ではありますが、家族への手紙を書くなど文を書く経験をしている子は多いです。ですから、子どもたちにはどんどん書く経験をさせていきましょう。

また、習っていないひらがながあったとしても、教師の板書したものを写せばいいのです。字が整わなくても構いません。字を丁寧に書く練習は、国語や書写の時間で別にやることです。

最初は板書をそのまま写させますが、徐々に自分なりの工夫ができるとよいでしょう。自己管理できることが目的ですから、自分が分かればよいのです。例えば、「２じかんめ：さんすう」を「②さん」と書いてもよいわけです。これは、メモをとる力にもつながっていきます。

連絡帳をただ写すだけでは非常にもったいないです。連絡帳を書くのも学習の一つとして考えましょう。慣れてきたら、板書せず、先生が口頭で言うのを書き写させてみる（聴写）など工夫をしてみましょう。

たし算迷路

スタートからゴールまで、次に進むマス２つの合計が10になるところを選びながら進んでいきます。ゴールまでたどり着けたら、子どもたちが自分自身でも作ることができます。

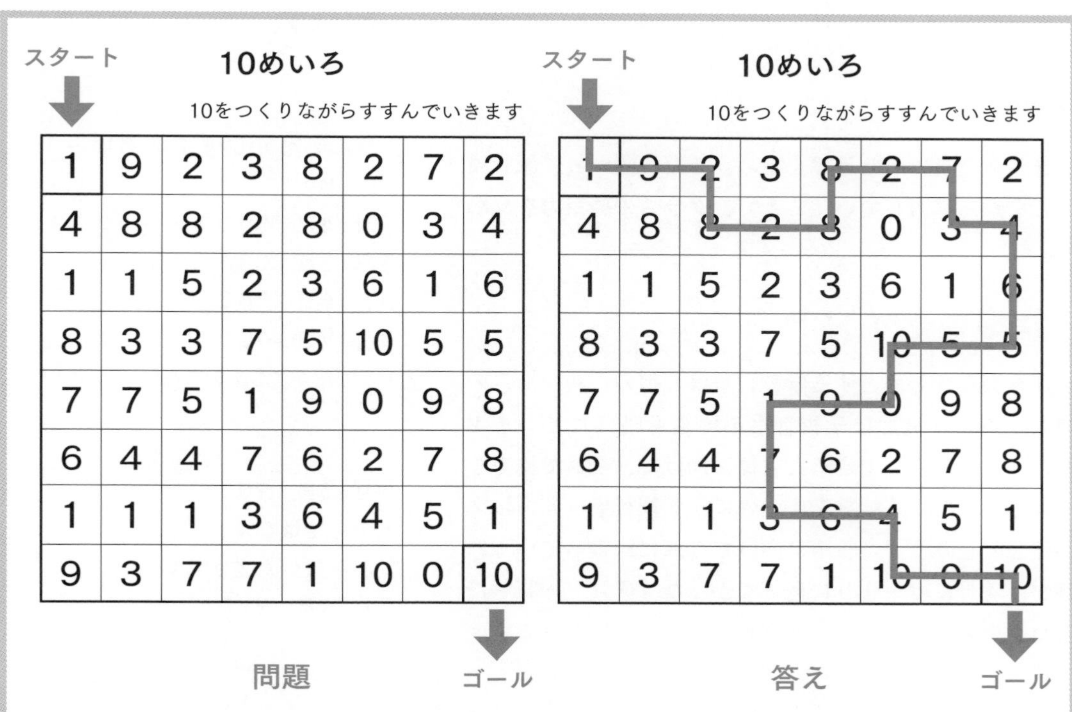

問題

1	9	2	3	8	2	7	2
4	8	8	2	8	0	3	4
1	1	5	2	3	6	1	6
8	3	3	7	5	10	5	5
7	7	5	1	9	0	9	8
6	4	4	7	6	2	7	8
1	1	1	3	6	4	5	1
9	3	7	7	1	10	0	10

答え

1	9	2	3	8	2	7	2
4	8	8	2	8	0	3	4
1	1	5	2	3	6	1	6
8	3	3	7	5	10	5	5
7	7	5	1	9	0	9	8
6	4	4	7	6	2	7	8
1	1	1	3	6	4	5	1
9	3	7	7	1	10	0	10

02 宿題

宿題の目的は、学力を付けることではありません。いわゆる、読み書きといった学力は、しっかりと学校の授業の中で保障すべきです。だとすると、宿題は何のためにあるのでしょうか。

それは、家庭学習の習慣化のためです。学びは、学校の授業で終わりではありません。授業が終わった後も、「もっと上手になりたい！」「もっと調べてみたい」という気持ちをもち、家庭でも自然と追究していく姿を生みたいものです。数ヵ月先に、そういった自主学習に移行していくことを視野に、宿題を出していきましょう。子どもたちがドキドキする宿題がおすすめです。

宿題例

- 言葉集め（習ったひらがなが頭につく言葉を何個集められるか。字数制限をするとさらに面白い。）
- 算数パズルや迷路
- 音読危機一髪（一度も間違えずに読めるまで音読に挑戦する。）

宿題の提出のさせ方

教室の前に種類ごとにカゴを準備して、朝来たらすぐに提出させましょう。ノートは先生が見やすいように宿題のページを開いて出させます。朝のうちに出した子からどんどんチェックしていくと、放課後に宿題チェック地獄になるのを防ぐことができます。

運動会

ねらい

クラス全員で同じ目標を定め、それに向かって試行錯誤しながら努力していくことで、クラスの結束力を高める。

指導のポイント

運動会をはじめとする学校行事は、何のためにあるのでしょうか。最近は学校行事不要論も叫ばれていますが、クラスみんなで定めた目標に向けて、全員で協力して取り組んでいく経験をするのに、学校行事は非常によい機会となります。行事に向けて一緒に頑張っていく経験が、４月には集まりに過ぎなかった「群れ」の状態だったクラスを「集団」へと高めていくことになります。

模造紙などに結果と振り返り・改善案を書いておくと、本番までの子どもたちの成長が可視化されます。

うんどうかいまでのあゆみ！
〈玉入れ〉
5月14日　50こ
5月15日　53こ
5月16日　56こ
5月17日　70こ
1人でたくさん玉をもたない方がよい。
⋮
5月23日　90こ
上からではなく、
下から投げた方がよい。
5月24日　99こ
本番　　　110こ

活動の展開

01 目標の共有

教師が一方的に目標を押し付けるのではなく、１年生であっても子どもたちと対話しながら「どのような運動会にしていきたいのか」を話し合いましょう。子ども自身が決めた目標であるからこそ、自分事となります。

02 練習

「やってみる→振り返り→次への改善点を出す」のサイクルを何度も繰り返しながら、目標達成に向けて練習していきます。練習後も一方的に先生がアドバイスするのではなく、「どうしたらよかったかな？」と子どもに意見を求めます。

03 本番

04 本番後

練習でやってきたことが出し切れるように陰でサポートしてあげます。運動会前に、これまで練習でやってきたことを思い出させ、これまで頑張ってきた事を本番で全部出し切るよう前向きな声かけをしてあげましょう。

１年生の子どもは、勝ち負けに一喜一憂しているはずです。しかし、大切なのは結果ではなく、過程です。自分たちで本番まで懸命に練習に取り組んできたことを改めて振り返り、クラスの成長を伝えましょう。

持ち物のルール

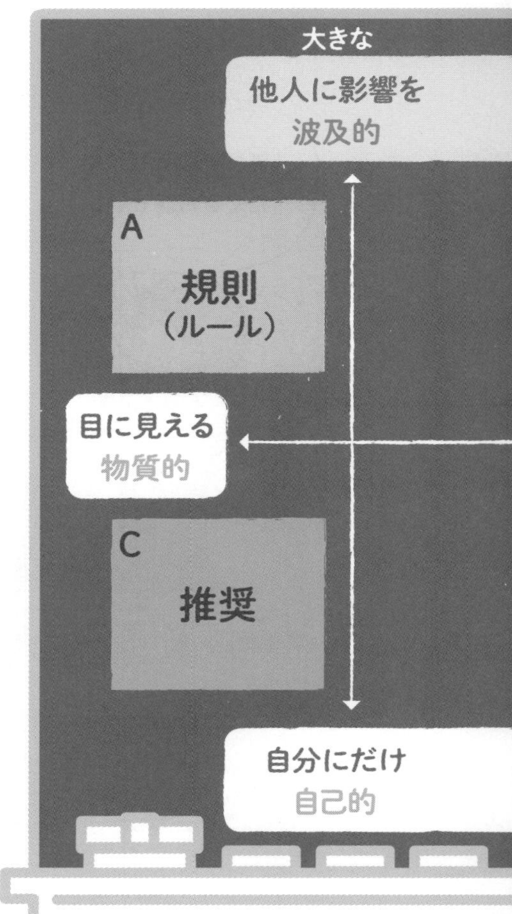

「木を見て森を見ず」に注意！！

持ち物のルールほど多様で幅の広いものはありません。一つ一つの案件に対して可否を決定するのは非効率でおすすめできません。では、どのようにルールを決定すればよいでしょうか。

４象限での整理の例

ルールなど、教師の価値観によっても様々な考え方の違いが生まれる領域の意思決定については、まずは大きな枠組みで思考を整理し、学年や学校全体として統一するとよいでしょう。その一例を、右の図に２軸４象限でまとめました。他人に影響を及ぼすＡとＢについては規則・ルールとして徹底させます。ＣやＤのように自分にだけ影響を及ぼすものについては、守ることのよさについて適切な指導を行います。

２軸４象限でのルールの整理例

A 波及的・物質的

持ち物に記名がされていないと、誰のものか分からず他者に迷惑をかけます。このように、目に見えるものであり、他者に影響を及ぼすものは規則としてルール化します。

B 波及的・概念的

なくしたものを報告するという行為自体は目には見えないものです。しかし、これを怠ると他者に影響を及ぼします。このような項目についても規則としてルール化します。

枠組み	具体例
及ぼす	他人に影響を及ぼす 波及的

B 規則（ルール）

D 道徳的 安全的 心理的 指導

目に見えない 概念的

影響がある

他人に影響を及ぼす
波及的

・記名をする
・名札をつける

・整理整頓をする
・なくしたり壊したりしたら報告する
・忘れ物をしないよう心がける

目に見える 物質的

目に見えない 概念的

・帽子をかぶる
・筆箱の中身をそろえる
・上履きを履く

・持ち物の手入れを習慣付ける
・正しい使い方を理解する

自分にだけ影響がある
自己的

5月

C 自己的・物質的

筆箱の中身をそろえることを怠った場合、困るのは自分自身です。自分は困るが人には迷惑をかけない、そんな項目については、「賢く生きるための知恵」として指導します。

D 自己的・概念的

持ち物の手入れをすることで、長くよい状態を保つことができると、使う自分にとっては好都合です。虫や小動物を教室で飼いたい、という場合もこの領域に当てはまります。

学級づくりにつながる授業

ねらい

自分なりにいろいろと条件を変えて学習を楽しむことができるようにする。

指導のポイント

この学習では「もっとやりたい！」という子どもの気持ちを大切にしましょう。しかし、同じ条件で何度もやるのでは、子どもたちも飽きてしまいます。そこで、「言葉の階段でどんなことができるかな？」などと問うことで、子どもたちから条件を引き出すことがポイントです。子どもたちは面白い条件を出してくれると思います。

「もっとやりたい」という気持ちを大切に！

ここでは、学習規律について考えるのではなく、学習の楽しさを味わう授業を目指しています。授業を通して、「もっとやってみたいな」「ここを変えると、もっといろんなことができるな」という気持ちが生まれるようにしていきます。いろいろと条件を変えて取り組んでみると、新たな発見につながるという経験をさせるのです。すると、子どもたちは楽しみながら学習に取り組んでいくことができるようになります。

時には失敗もあるかもしれません。しかし、それを非難するのではなく、お互いに認め合って乗り越えていく経験もこの学習では大切にしています。

活動の展開

01 「○」で始まる言葉を探す

まずは、ウォーミングアップです。「○」で始まる言葉をノートに書きます。例えば、「あ」だと「アヒル」「アシカ」「あめ」です。30秒など時間を区切ると面白いです。終わったら発表して、確認しましょう。

02 言葉の階段

言葉の階段とは図のように、一番上のひらがなを1つ決めて、そのひらがなから始まる1文字、2文字、3文字、4文字の言葉を探すゲームです。国語の教科書にも掲載されています。

03 他の文字で始まる言葉の階段

え			
ん	え		
ぴ	の	え	
つ	ぐ	き	え

「もう1回やる？」と聞くと、子どもたちは「別のひらがなでやりたい」と言います。そこで、他の文字で始まる言葉の階段をやってみましょう。意外と難しいですよ。子どもたちも大盛り上がりです。

04 いろいろ変えてやってみる

ひ			
だ	き		
り	っ	た	
て	て	て	て

す			
か	た		
ん	ん	か	
く	す	た	か

その後、「言葉の階段でどんなことができるかな？」と聞いてみましょう。子どもたちは、「一番下のひらがなが同じ階段」「しりとり階段」など面白いアイデアを出してきます。時間の許す限り取り組んでみましょう。

MAY

5

4月 5月 6月 7月 8月 9月 10月 11月 12月 1月 2月 3月

休み時間と授業の切り替え

ねらい

子どもが休み時間から授業への切り替えをスムーズに行えるようにする。

指導のポイント

学級が荒れてくると、授業が始まっているのにもかかわらず着席することができない子が増えます。ですから、１年生の段階からしっかりと時間を守ることを子どもたちに意識させるのは、とても大切なことです。時間を守るということは、相手を大切にすることでもあります。

ただ、そうはいっても１年生は目の前のものに夢中になってしまうものです。そんなときは、子どもが時間を守りたくなる仕掛けをしていきましょう。

指導の留意点

01 時計の模型を使う

学校は時間で動いています。そこで大切になるのは、時計を見て行動することです。しかし、１年生の最初のうちは時計がよめない子も多いです。そこで、算数で使用する時計の模型を使います。模型で次に授業が始まる時刻を提示して、「長い針が６の場所に来たら、次の授業が始まります。そこに間に合うように準備をしておきましょう」と指示をします。

最終的には着席時間だけを示し子ども自身が自分の行動を逆算して考えていくのが大切ですが、状況によっては、授業開始５分前の時刻を模型で提示してもよいでしょう。

02 時間を守れている子に注目

ついつい時間が守れない子がいると、そちらに注目しがちです。そうではなく、先生はしっかりと時間を守れている子を見てあげましょう。そして、「○○くんは、チャイムがなる前に教科書やノートを準備して、きちんと座っていました。授業を頑張ろうという気持ちがとても伝わってくるね」と全体の前で座れている子の価値付けをします。

そうすることで、次はさらに時間を守って準備をしている子が増えているはずです。再度、守れている子が増えたことを価値付けていきます。それを何度も繰り返していきます。時間内に着席できている人数などをカウントするのも成長が視覚化され効果的です。

03 守れていない子を待たない

時間を守れていない子を、親切心から、授業の開始時刻になっても待ってしまいがちです。時間を守っている子にとっては、無駄な時間ですし、不利益を被ります。ですから、先生は開始時刻になったら全員がそろわずとも授業をすぐに開始すべきです。すると、遅れてきた子も授業に参加できず、不利益を被るのは他でもなく自分だということを体感するはずです。

もちろん状況によっては、全員をあえて待つこともあります。ただ、守れない１～２名を毎回待つのは、時間を守っている子にとっても、守っていない子にとってもよくありません。時間を守らなくても先生は待ってくれると誤学習させてしまいます。

04 気持ちの切り替え

着席ができていても、気持ちは休み時間の気分のままでいることもあります。そこで、授業のスタートには、区切りのあいさつをしたり、気持ちを切り替えるための常時活動を入れたりすると効果的です。

常時活動の例

〈算数〉

・百玉そろばん　・フラッシュカード

・算数じゃんけん（２人組でかけ声に合わせてそれぞれ１～５の指を出し、２人の出した数の合計を先に言った方が勝ち。）

〈国語〉

・教科書や詩の音読

・言葉集めや文作り

ふわふわ言葉とちくちく言葉

ねらい

子どもが友達一人一人のよさに気付くことで、互いに助け合い、仲良く生活していこうとする意識をもつようになる。

指導のポイント

絵本『だめだめネコはこまったゾウ』（はらだゆうこ作・絵、芳岡倫子英訳、2001、旺文社、絶版）の読み聞かせを通して、キリンやゾウなどの動物は何を言われて悲しくなったのか「ちくちく言葉」について考えます。そして、自分だったらどんな言葉をかけてくれるとうれしいのか「ふわふわ言葉」について考えていきます。

継続した指導が大切

この学習では、絵本のお話を題材に「ふわふわ言葉」「ちくちく言葉」について考えていきます。しかし、この学習で終わらないように、「ふわふわ言葉」を掲示して、普段の生活で使っていけるようにします。「ふわふわ言葉」でいっぱいになったクラスを目指していきます。

また、「ちくちく言葉」は袋に入れて、しまっておきます。今後「ちくちく言葉」を使ったトラブルが起きたときは、この袋にある言葉についてクラスで考え、互いに助け合い、仲良く生活していけるような態度を継続して育てていけるようにします。

活動の展開

01 本の読み聞かせをする

絵本『だめだめネコはこまったゾウ』の読み聞かせをします。読み終わった後に、4、5名に感想を聞きます。「ネコは悪いことを言った」「もっと優しい言葉をかければよかった」などの感想が出るでしょう。

02 ちくちく言葉について考える

キリンとゾウは何を言われて悲しかったのかを振り返りながら、「ちくちく言葉」について考えていきます。自分も同じような経験がなかったか、登場人物であるキリンやゾウなどと自分を重ねて生活を振り返るとよいでしょう。

03 ふわふわ言葉について考える

自分だったらどんなことを言ってもらえるとうれしいのかについて考えていきます。物語の内容にとどまらず、子どもたちの普段の生活を振り返り、自分が言われてうれしかった言葉を発表します。

04 生活に生かす

子どもたちの考えた「ふわふわ言葉」は教室に掲示してこれから使っていけるようにします。「ちくちく言葉」は袋に入れてしまっておきます。これからの生活で出てきた「ちくちく言葉」はこの袋に入れておきます。

公共の場

ねらい

・公共の場と私的な場を区別する。
・公共の場での立ち振る舞いを考える。

指導のポイント

学校は公共の場となります。１年生は学校に慣れてくると、そこを私的な場と捉えて、家庭のような過ごし方になってしまう子もいます。

ここで学びたいことは、学校は「みんなで学ぶ場」と捉えて、「みんなが過ごしやすい空間はどんな空間だろう」ということを考えていくことだと思います。これを実現する中で、周囲への配慮をする気持ちを養っていきます。

問題への心構え

数十人の子どもたちが同じ教室で過ごすので、必ず問題は起こるものです。ここで、教師がもっておきたい心構えは「**問題が起こるクラスはよくないクラスなのではなく、問題を解決する中で学んでいく**」ということです。子どもたちに「失敗は成功の母」という言葉とともに、「失敗から学ぶクラスはよいクラス」という考え方を伝えることで、「失敗から学ぶ集団」へと変えていくことができます。

問題は放っておくと問題のままですが、問題に子どもたちが気付くことができると、それは「解決すべき課題」へと変わっていきます。また、こうした問題の多くはその場が公共の場だからこそ起こることです。私的な場だった場合、自分が気にしなければ問題ない行動ばかりだと思います。だからこそ、「どんなクラスで過ごしたいか」ということを考えていくことが公共の場での立ち振る舞いを考えるはじめの一歩になるのではないかと思います。

活動の展開

01 問題への気付きを与える

クラスの問題に対して、気付きを与えます。しかし、問題が見えた時にすぐに反応せず、一度様子を見ることも大切です。継続的に起こる場合に子どもたちに気付きを与えましょう。様子を写真にとっておいて、後で見せるという手段などが有効です。

02 公共の場と私的な場の区別

問題に対して、どう感じるか聞きましょう。中には「気にしない」という子もいますが、「気にする人がいるけれどそのままでいいのかな？」ということを問いかけてみます。周りがどう感じているのかということを考えさせ、公共の場での過ごし方を考えさせます。

03 どんなクラスで過ごしたいか

みんなに「どんなクラスで過ごしたいか」ということを問いかけます。子どもたちの思いを聞き、それを中心にすえることで、主体的にクラスの課題解決に向かうようになります。

04 振り返りを行う

問題提起をした直後は、子どもたちも一生懸命やりますが、時間が経つと忘れてしまいがちです。定期的に振り返り、変化に注目させることで、子どもたちに習慣付けていきましょう。

6月 2カ月の成長の見せどころ!

▶6月の目標

6月といえば「梅雨」「祝日がない」「大きな行事がない」といった、ネガティブな印象をもつ方もいらっしゃるのではないでしょうか。実際、雨の日は校内の環境が乱れトラブルやけがが起こりやすくなります。まさに6月は、2カ月の成長の見せどころなのです。雨の日、規律を守り落ち着いて過ごすことができるか、大きな行事がない中で、目標をもって楽しく学校に通うことができるかが鍵となります。

6月の学級経営を充実させるために

雨の日の教室、「何をしていいか分からない」「やることがない」は「学校がつまらない」につながります。また、つまらないから友達にちょっかいを出しトラブルに……という悪循環にもつながります。目標を掲げたり役割を与えたりすることや、落ち着いて過ごす環境を整えることでトラブルを未然に防いでいきましょう。

●目標を掲げ役割を与えよう

「学級目標の設定」や「係活動決め」をすることで、子どもたちに「やること」を与えることができます。子どもにとっての「やること」はとても重要で、学校へ行く意味や学級に存在する意義にもつながります。また、自分の行動に責任をもたせることもできます。6月という大きな行事がなく、目標を見失いがちな月だからこそ、目標や役割を大切にしてほしいと思います。

●落ち着いて過ごす環境を整えよう

雨の日が続き、休み時間を教室で過ごすことが増える6月です。多様な子どもが集まる学級では、静かに座っていられる子どももいれば、教室で走り回ってしまう子どももいるでしょう。雨の日の過ごし方をしっかり確認し、みんなが安全に生活できる環境を整えてほしいと思います。「雨の日は何をして過ごすことができるの？」「何をしてしまうとけがをしたり友達が嫌な気持ちになったりするの？」と子どもたち一人一人にしっかり考えさせ、落ち着いて過ごすための約束を確認してほしいと思います。

注意事項

梅雨時期は、教師も心が不安定になりがちです。普段外で元気よく遊んでいる子どもが、休み時間を教室で静かに過ごすことはとてもハードルが高いことです。できなくても仕方ない。伸び代たっぷりの一年生。できる子がすごい。心にゆとりをもって、褒めることを大前提に声かけをしていきましょう。

大きな鶴に思いをのせて

▶ねらい　目標を共有し結束力を高める

「こんなクラスにしたい」「こんな自分になりたい」という思いは、どんどん伝えていくべきです。ここでは、一人一人の目標を折り紙に書き、つなぎ合わせ、共有し、大きな１枚の紙を作ります。全員の思いが書かれた大きな紙で鶴を作れば、学級の自慢のシンボルとして活躍するでしょう。

活動例　(33人学級・縦10枚×横10枚で100枚の正方形を作る場合の例)

① 折り紙を３枚渡す。※３枚×33人=99枚　担任の先生が１枚書く
② 折り紙に記入する。
　例）１枚目：自分の名前　　２枚目：こんなクラスにしたい　　３枚目：将来の夢
③ 自分で書いた３枚の折り紙をテープでつなげる。
④ 近くの友達とさらにつなげ合わせる。縦10枚、横10枚になるようにつなげる。
⑤ 大きな１枚の折り紙が完成する。
⑥ 書かれたみんなの思いを共有する。
⑦ みんなで協力して、折っていく。
　※出席番号順に２人ずつ前に来てもらい、ひと折りしたら次の２人と交代する。これを繰り返すと全員が参加できる。
⑧ クラス全員の思いがのった大きな鶴が完成する。
⑨ 教室の後ろに掲示する。

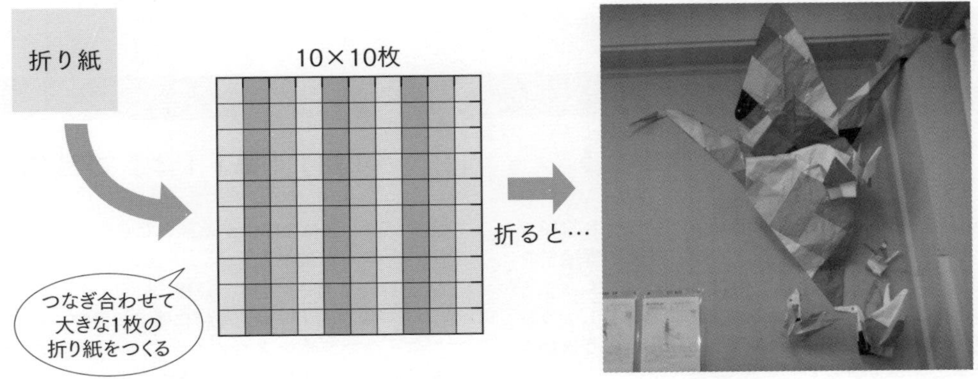

活動後のポイント

目標を掲げることで、行動に責任が生まれます。何かトラブルが起きたときには、大きな鶴を指さし、よりよい学級をつくっていこうと団結した気持ちを思い出させてみましょう。互いを思いやり、協力し、６月がよき成長の月になることを願っています。

学級目標の立て方

ねらい

子どもが大切にしようと思える学級目標の立て方を知る。

指導のポイント

学級目標は、「最終日の自分たちの姿」を表すものです。学級目標の達成に向けて、常に学級の足並みをそろえることができます。また、様々なトラブルが起こった際に、学級目標を振り返ることで、課題解決に向けて話し合うきっかけにもなります。予期せぬトラブルに柔軟に対応できる学級目標を設定することが大切です。学級の目標ですので、「私は」ではなく「私たちは」になるように考えさせましょう。

活動の展開

01 学級の実態を把握しよう

学級目標の設定は、学級に慣れてきた５～６月頃が理想的だと言われています。まずは、学級の雰囲気を理解し、どんなことがうれしかったのか、どんなことに困っているのかを考えさせる時間をつくりましょう。

「○○だから、こんなクラスにしたい」という思いをもたせることが大切です。

〈うれしかった〉

・友達が一緒に遊んでくれた。
・元気よくあいさつができた。
・授業中にたくさん発表できた。

〈困っている〉

・悪口を言われた　・算数が難しい
・授業中騒がしい

02 「知」「徳」「体」の目標

目標には、３つの要素が重要となります。

「知」…学習に関する目標
「徳」…思いやりに関する目標
「体」…体力向上・健康維持に関する目標

この３つの要素を入れることで、予期せぬトラブルにも柔軟に対応できる学級目標になります。

子どもたちから出された「こんなクラスになりたい」考えを「知」「徳」「体」に分類してみましょう。考えが整理され、合意形成しやすくなります。

「知」…しっかり話が聞けるクラス
「徳」…仲良しのクラス
「体」…一生懸命運動ができるクラス

03 意見を比べ合い、決めよう

○どの考えが学級にふさわしいのか「比べ合い」ましょう（賛成、反対意見を言わせる）。

例）「知」の目標の場合

- ・協力する
- ・しっかり話を聞く
- ・たくさん発表する

｝子どもたちの考え

「私は、しっかり話を聞くに賛成です。理由は、授業中に騒がしくて集中できない人がいるからです」

○「決める」方法を考えましょう。

①賛成意見が多いものに決める。

②よりよい意見同士を合体させる。

③多数決で全員の気持ちを確かめる。

04 愛着をもたせる工夫

掲示物の工夫

掲示物の作成には、子どもが手を加えましょう。手形・似顔絵がおすすめです。

合言葉の設定

学級目標を合言葉化させましょう。覚えやすくなり、声に出して呼びかけ合うことができます。

例）「誰にでもあいさつ・一生懸命運動・あきらめずにチャレンジ」⇨合言葉は「ダイア」

マスコットキャラクターの設定

学級目標に関連した、マスコットキャラクターを設定しましょう。文章が苦手な子どもでも、視覚的に目標を意識させることができます。

雨の日の過ごし方

ねらい

雨の日の過ごし方を考え、安全に過ごせるようにする。

指導のポイント

雨の日は校内の環境が乱れ、けがやトラブルが起こりやすくなります。晴れの日と雨の日では子どもの行動パターンが大きく変わります。特に「昇降口、廊下、教室」で起こりうる危険を予測し、未然に防いでいきましょう。また、休み時間を落ち着いて過ごせるように「雨の日にやっていいこと・いけないこと」について確認をしておきましょう。

雨の日にできること一覧

1人でできること

○お絵かき
○読書
○教育動画の視聴（NHK for School）
○各教科の復習問題に挑戦
○生き物の世話

少人数でできること

○トランプ類
○係活動
○学校探検（走らない・他教室には入らない）

学級のみんなでできること

○雨の日レク
・フルーツバスケット（何でもバスケット）
・バクダンゲーム
・ジェスチャークイズ
・じゃんけん列車　など
○先生の絵本の読み聞かせ

指導の留意点

01 使った傘は束ねる

使った傘を束ねることは、昇降口の環境を整えるだけではなく、物を大事にする観点からも大切です。また、レインコートの場合は、濡れたレインコートを袋に入れて教室で保管させましょう。1年生のうちから正しい習慣を身に付けさせていきましょう。

02 服が濡れてしまったら、体育着に着替えさせる

大雨の日は、ずぶ濡れで登校してくることもあります。すぐに体育着に着替えさせましょう。また、ハンガーを準備しておくと、濡れてしまった上着やズボンを干すことができるので便利です。

03 雨の日に起こる危険を予測しておく

雨の日は、廊下や階段が滑りやすく危険です。いつも以上に注意を呼びかけましょう。また、元気のあり余った子どもたちが休み時間を教室で過ごします。予期せぬトラブルに備え、教師はなるべく子どもたちと一緒に過ごすようにしましょう。

04 雨の日にできることを確認する

「雨の日にやっていいこと・いけないこと」を事前に確認しておきましょう。中には、校内で鬼ごっこをしたり、教室で物を投げて遊んだりする子どもも現れ危険です。落ち着いて生活すると、どのようなよさがあるのか、子どもに考えさせましょう。

当番・係活動

ねらい

子どもたち自身がクラスをつくっていく当事者意識をもつ。

指導のポイント

「当番」と「係」は似ているようで大きく違います。「当番」はクラスで１日過ごしていく上で、なくてはいけない仕事です。例えば、黒板消しやあいさつのようなものです。それに対して、「係」は特になくても困らないが、それがあったらみんなが楽しめたり、みんなのためになったりする活動です。例えば、レク係のようなものです。そこをしっかり区別して取り組んでいくことが重要です。

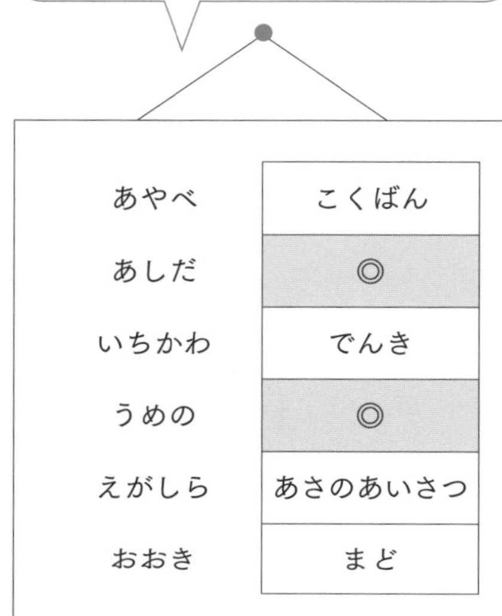

活動の展開

01 当番活動

当番活動は、クラスで１日過ごす上でなくてはならない仕事です。ただ、教師から一方的に与えるのではいけません。１年生はお手伝いが好きな子がとても多いです。黒板を消したり、ノートを配ったり快くやってくれます。そういった姿を取り上げて、当番活動を始めるきっかけにするのがよいでしょう。

当番の例

・黒板をきれいにする当番
・次の日の時間割と持ち物を書く当番
・朝や帰りや給食のあいさつをする当番
・宿題の返却をする当番
・日付や曜日を変更する当番
・窓を開け閉めする当番

当番のチェック方法

当番をやらせっぱなしではいけません。チェック機能が必要です。例えば、裏表が磁石になっているシートを使います。シートの表には当番名、裏には「◎」や「完了」など書かせます。そして、ホワイトボードに書いた子どもの名前の横に先程の磁石シートを表向き（当番名）で掲示し、当番が終わった人は磁石シートを裏向き（◎）にすることになっています。そうすれば、仕事が終わっているのかどうかが一目で分かります。連続で仕事をやっていない子には声をかけてあげます。

02 係活動

係活動は、なくてもクラスは困らないけれど、あればクラスのみんなが楽しめたり、クラスのためになったりする活動です。最初はなかなかアイデアが思いつかないこともあるので、少し例を示すとよいでしょう。

係の例

- 新聞係（クラスで起きた出来事について新聞を作る）
- 生き物研究係（生き物について調べて、ポスターにまとめる）
- 陸上係（リレーやタイム測定など陸上に関するイベントを企画する）
- 誕生日係（誕生日の子をお祝いするイベントを企画する）
- 電車係（電車についての本を作る）

係活動を盛り上げるには

当番活動と違って、係活動は自主的な活動ですので、やらないことを厳しくチェックする必要はありません。ただ、やはりやるからには盛り上げていきたいものです。そのためには、子どもたちの希望をできるだけかなえてあげることです。例えば、電車係の本を「人数分印刷してほしい」と言われたら、そのようにします。子どもたちの「やりたい」がかなえられるからこそ、次への意欲が起こるのです。

子どもの距離感

ねらい

友達や先生、上級生との接し方は、人によって考え方が違うことを知り、どのような距離感で接するのが適切か考えを深める。

指導のポイント

１年生の子どもにとって、相手の立場で物事を考えることは簡単なことではありません。しかし、それを経験していくことに価値があります。そこで、実際にやってみたり、みんなの気持ちを聞いてみたりして、子どもたちが実感できるようにしていくことが大切です。

スキンシップのずれ

６月になってくると、友達とのトラブルも多くなってきます。指導していて気付くことがあります。それは、子どもたち同士のずれです。

その一つがスキンシップです。以前に、友達とのスキンシップで、肩を組むことをよいと思っている子と、ちょっと声をかけるだけでスキンシップをとれる子との間で、トラブルが起きたことがあります。自分がよかれと思ってやったことは、実は相手にとっては迷惑になっていたのでした。今回の指導は、互いの距離感に気付くきっかけになります。

ただ、発表するだけではなく、自分と同じかどうかを確認していくこともここでは大切にしていきます。そして、１年生同士との関係から、１年生と先生、１年生と６年生など相手を変えていくことで距離感について考えを深めていけるとよいと思います。

指導の展開

01 スキンシップについて知る

写真を見て、３人のうち一番仲がよいのは誰かを聞きます。ここでは、思いつくままに発表させましょう。「引っついて歩いている２人は仲がいい」「手をつないでいる２人は仲がいい」など、最初に思ったことを発表させるとよいでしょう。

02 みんな同じなのか考えてみる

発表を続けていくうちに、「僕は、真ん中と右の子が仲がいいと思う」といった別の意見が出てきます。そのような子には、どうしてそう思うのか、さらに突っ込んでみるとよいでしょう。引っついた方が仲がいいと思う人とそうでない人の違いが出てきます。

03 人によって違うことに気付く

ここでは、自分と同じ考えや違う考えがあることに気付かせるようにします。どれがいいのかについて考えるというよりは、そういう考えの人もいるのだと感じることが大切です。日頃の生活も振り返りながら、話し合いを進めるとよいでしょう。

04 自分のできることを考える

みんなが安心して過ごしていけるように、どのように友達と接していけばよいのかを考えます。少し話を広げて、お世話になっている6年生との関わりについて触れるなど、考えを深めていきます。

タブレット端末の使い方

タブレットのつかいかた

どんなときにタブレットをつかっていますか?

・どうがをみる

・ゲームをする

・べんきょうする

ねらい

・タブレット端末の学校での使い方を学ぶ。
・タブレット端末を正しく活用する。
・タブレット端末を使用する上でのルールを学ぶ。

指導のポイント

今では、家庭内でスマートフォンやタブレット端末などを使用したことがある子がほとんどです。ですが「学校で使用するタブレット端末」と「家庭で使用するタブレット端末」では、使用目的も用途も大きく異なります。そのため、「学校ではどのようにタブレット端末を活用すればよいのか」という点を伝えることを主軸に置きます。また、タブレット端末を使う上で守るべきルールについても一緒に確認することが大切です。

活動の展開

01 タブレット端末はどんなときに使うか

子どもたちが日頃どんなときにタブレット端末を使うのか、聞いてみましょう。「動画を観る」「ゲームをする」「アプリで勉強する」「写真を撮る」など、すでに多くの子がタブレットを利用したことがあると思います。その後「家で使うタブレット端末」と「学校で使うタブレット端末」の違いについて考えていきます。

家庭でタブレット端末を使用する場合、「娯楽」に利用することが多いです。学校で使うタブレット端末は「学習」に使うものです。みんなのタブレット端末は使い方によって、「遊ぶもの」にもなるし、「勉強をパワーアップするもの」にもなるということを伝え、正しい活用ができるように声をかけましょう。

02 タブレット端末を活用する

実際にタブレット端末を使い、どんな活用ができるか一緒にやってみましょう。例えば「ロイロノート・スクール」というアプリケーションを利用すれば、子どもから先生にカードを送ることができます。学校で導入されているアプリケーションに合わせて工夫してみましょう。

〈実践〉白黒つけよう！

「犬と猫だったらどっちが好き？」といった二者択一の問題を出し、みんなにタブレット端末で答えてもらいます。「Aだと思う人は『黒のカード』、Bだと思う人は『白のカード』を提出して！」と伝えましょう。

カードが出た画面を子どもたちに見せると、どちらのほうが多いのかすぐに分かったり、素早く共有できたりするよさを感じることができます。

タブレットをつかうルール

・パスワードはおしえない

・せっていはかえない

・カメラでしゃしんをとるときは
ともだちのかおがはいらないようにする
→ともだちのしゃしんをとるときは
そのひとにきちんとかくにんしよう

がっこうでつかうのはなんで?

べんきょうをパワーアップするため!!

03 基本的なルールを確認

タブレット端末を活用していく中でよく起こるトラブルについては、事前に話をしておき未然に防ぐようにしましょう。

指導例

・設定は変えない
・パスワードは人に教えたり、見られたりしないようにする
・カメラで人のことを勝手に撮らない

この3点は、タブレット端末を活用する前に必ず伝えるようにしています。特に、写真については、肖像権も関係してきます。はじめにきちんとした規範意識をもって活用ができるように伝えましょう。

04 授業内で使用する上で

授業中にタブレット端末を使用する上で気を付けなければならない点は、「タブレット端末を使うことで、授業の集中の妨げにならないこと」です。タブレット端末を使用していると、関係ないことを検索し始めることも少なくありません。そのために、はじめのうちは「使う時にしか出さず、使い終わったら机にしまう」「話を聞くときは、タブレット端末を机に置く」といったルールを徹底するとよいでしょう。

また、iPadであれば、子どもたちの画面がリアルタイムで見られる「クラスルーム」というアプリを導入したり、アプリの使用状況が確認できる「スクリーンタイム」を利用したりすることで、子どものタブレット端末使用中の実態をつかむということも大切になります。

7月

1学期を締めくくる

▶ 7月の目標

① 4月から取り組んできたことを子どもたちと共に丁寧に振り返りをする。子どもたちが成長したことをしっかり価値付け、2学期への課題については改善策と共に共有しておく。
② 夏休みにスムーズに入れるように準備する。

7月の学級経営を充実させるために

●振り返りを行う

入学式からバタバタと7月まで来てしまった先生も多いのではないでしょうか。しっかり時間を取って振り返りをしましょう。まずは、先生から見た子どもやクラスの成長・課題を整理しましょう。そして、通知表などを通して、子どもたちにフィードバックしていきます。それが、子どもたちの次への意欲、先生がよく見てくれているという信頼にもつながります。前向きな言葉かけをしていくことが大切です。また、子どもたち自身も自分やクラスの成長・課題を考える時間を取るとよいです。子どもたち自身が現状をメタ認知し、今後どうしていきたいのかを決めることこそが子ども主体のクラスへの一歩です。

●夏休みにむけて

1年生にとって小学校で初めての夏休みとなります。どのようなことに気を付けて過ごせばよいのか、生活面と学習面から伝えていく必要があります。また、トラブルなどがあった場合は迅速な対応をし、夏休みに持ち越さないようにすることが重要です。時間が経てば経つほどトラブルは大きくなっていきます。そのためにも、学期末の保護者面談で丁寧に保護者から子どもたちの家庭での様子（特に学校生活で悩んでいる様子はないのか）について聞き取りをするとよいでしょう。

注意事項

子どもだけではなく、教師自身の実践の振り返りも欠かせません。2学期に向けて、これまででうまくいったこととうまくいかなかったことを分別し、原因を分析していくことが大切です。うまくいかなかったことについては、夏休みを使って、ゆっくり次の方策を考えていきましょう。

振り返りシート

▶ねらい　子どもたちに振り返りをしてもらう

子どもたち全員が振り返りをできるようにワークシートを作成します。ワークシートにすることで、先生も子どもたちがどのように振り返りをしたのかを知る資料となります。

活動例

以下のようなワークシートを使って、子どもたちに振り返りをしてもらいます。

1がっきの　はんせい

くみ　　ばん　　なまえ（　　　　　　　　）

◎とうばんかつどうについて　がんばったこと。

ぼく・わたしのとうばんは（　　　　　　　　）です。

ぼく・わたしのかいしゃは（　　　　　　　　）です。

◎なかのよい　ともだちはだれですか。（5にんまで）

◎どんなあそびをしていますか。

◎がんばったきょうか・もうすこしがんばりたいきょうか。

がんばったきょうか（　　　　　　　　）

もうすこしがんばりたいきょうか（　　　　　　　　）

◎1がっき　いちばん　がんばったこと

◎2がっきで　がんばりたいこと

・あさのしたくが　はやくできた。（◎・○・△）

・かえりのしたくが　はやくできた。（◎・○・△）

・にがてなことも　いっしょうけんめいがんばった。（◎・○・△）

・とうばんのしごとを　かかさずにおこなった。（◎・○・△）

・ともだちと　なかよくすごせた。（◎・○・△）

・がっこうのルールを　しっかりまもることができた。（◎・○・△）

・ものをたいせつに　つかった。（◎・○・△）

活動後のポイント

子どもに振り返りワークシートを書いてもらっておくと、子ども理解の材料になります。また、「通知表の所見」「保護者面談」などにも活用できます。１年生は、１学期時点ではまだ文を書くことが難しい場合もあるので、クラスの実態に応じて、ワークシートの例の最後のように選択肢にするなど工夫してください。

トラブル（保護者も関わる）

ねらい

保護者も関わるトラブルに適切に対応する。

指導のポイント

学校生活に子ども同士のトラブルはつきものです。まずは、初期対応が大切です。他の職員とも連携を図りながら、事実の確認、管理職への報告、保護者への連絡をします。トラブルの内容は様々ですが一つ一つに丁寧に対応していくことが子どもたちと保護者からの信頼につながります。

保護者に連絡するときのポイント

① 事実について伝えるときに

・聞き取りの内容を伝える際に、あいまいな点があったり事実の捉え方を一方的に伝える形になったりすると、保護者の理解や協力を得づらくなります。しっかり全体像をつかんでから連絡しましょう。

・状況によりますが、原則として連絡帳や電話よりも顔を合わせて面談したほうがよいでしょう。

② 方針や対応の具体を伝えるときに

学校がどのように考え、どう対応していくのか、保護者にどのような協力をしてもらいたいのかなどということを伝えます。

③ 面談をするときに

○複数人で対応する
○即答は避ける
○保護者の話を傾聴し、フォローする

保護者の心情に寄り添いながら学校が主体的に対応を伝えていくことが大切です。

トラブル発生後の留意点

01 事実の確認をしっかりと

子ども同士でトラブルがあった際にはまず、事実の確認をしっかりとしましょう（けががあった場合などには手当てが優先です）。子どもたちから何があったかを聞き取るときには原則があります。

- ５Ｗ１Ｈを押さえる
- 記録をとる
- 複数人で対応する
- 推測を交えない
- 必要に応じて周囲の子どもにも聞く
- 聞き取りと指導は分ける
  （聞き取り中に指導をしない）
- 一人一人聞いていく

原則を踏まえながらあわてずに確認しましょう。

02 記録のとり方

記録をしっかりとり、整理をしておくことは適切な対応をチームでする際に必要となります。とはいえ、忙しいと省きたくなるのが記録です。記録は要点を押さえてシンプルにしましょう。例えば、普段は日付、関係児童名、内容と対応を簡単に記録する。重大な事案は、より詳細に記録をしていくなどと分けていく方法もあります。

記録は、学年の先生や児童指導担当、管理職と共有しながら、今後の指導方針や保護者への連絡内容などについて検討します。「どんな事実があったのか」ということと「どうしてそのようなことが起きたのか」「どんな心情だったのか」などということを整理しながら聞き取りましょう。

急に面談をしたいと保護者が来校した！

児童指導担当と担任など、複数人で対応します。はじめに来校した理由を丁寧に聞きましょう。その際には、傾聴を心がけ、難しい内容については即答を避けます。突然来校される際には、保護者が感情的になっている場合もあります。保護者に敬意を持ちつつ冷静に話を聞きましょう。面談に臨んでいる以外の職員とも連携しながら時間の見通しをもてるようにしましょう。

対応が困難な要望を受けた！

「相手の子どもを今すぐに転校させてほしい」「うちの子だけクラス替えをしてほしい」など対応が難しい要望もあり得ます。その際には内容を冷静に受け止め、十分に検討した上で、学校ができる対応を伝えましょう。それでも、「納得がいかない」などと保護者から言われることもあるでしょう。管理職の指示を受けながら粘り強く対応し、代わりになるプランを伝えましょう。

03 チームで対応する

管理職・児童指導担当・学年の先生・担任などで役割分担をしながら対応します。はじめは、一人で対応しても大丈夫と思っているトラブルでも、次第に状況が悪化する場合もあります。情報を共有し、対応を検討しましょう。特に、けがを伴うトラブル、金銭の関わるトラブル、いじめなどについては慎重に対応しましょう。

チームで対応する際には、指導のめあてを共有することが重要です。めあてに向けて、具体的に「いつ、誰が、どこで」の聞き取りや指導、保護者への連絡をするのかということを決めましょう。

04 保護者への連絡

子どもが学校でトラブルになったときには、保護者は心を痛めたり心配したりするものです。不安な思いも受け止めながら傾聴しましょう。電話をかける際には、その電話で何をしたいのか、何を伝えるのかを整理してからかけます。

- トラブルの内容
- 今回の対応と今後の対応
- 次回の連絡

連絡内容は複数人で検討します。対応が継続しているのに連絡がない、質問に対しての答えが曖昧などということがあると信頼を失います。継続的に丁寧に対応していきましょう。

通知表

ねらい

・学期の成果と課題を子どもと保護者に伝える。
・子どもが自分の学習を振り返るきっかけにし、次の学期につなげられるようにする。

指導のポイント

１年生にとっては、初めての通知表。子どもも保護者もどのように扱うのかがよく分かりません。丁寧に説明がないと、「よくできる」「できる」「がんばりましょう」の評定だけを見て、それで一喜一憂するというようなことになりかねません。通知表の役割と見方についての丁寧な説明が必要です。また、通知表は学期末に作業を始めるととても大変です。こまめな記録が時短にもつながります。

指導の留意点

01 保護者への説明

学期末の保護者会などで保護者に通知表の見方や取り扱い方について丁寧に説明します。保護者の中には「よくできる」の数に応じてご褒美を与えたり、「がんばりましょう」があると子どもを叱責したりする方もいます。

そうならないためにも、通知表は子どもの成長を伝えるためのもので、評定が大事ではないことを伝えます。そして、所見などを見ながら、家で子どもと丁寧に振り返りをする機会を設けてもらうようにします。課題については、叱るのではなく、子どもたちと来学期どうしていきたいのかを話すようにお願いしておきましょう。

02 子どもへの説明

子どもはテストの点数などに一喜一憂してしまいがちです。通知表もただ配るだけでは、３段階の評定だけにしか目がいきません。特に観点や所見の文も読めない１年生にとってはなおさらです。

そこで、通知表を配付するときには、１人ずつ廊下などに呼ぶなどして、先生と１対１で振り返りをする場をつくります。まずは、子どもたち自身に頑張ったことを言わせます。そして、先生からも通知表に書かれた言葉を１年生にも分かりやすく伝え、頑張りを伝えます。成長は称賛し、課題は「〜すればもっとよくなると思うよ」とポジティブに話をしてあげて、次の学期への意欲につなげていきましょう。

7月

03 通知表の書き方

学期末に一気にクラス全員分の所見を書いたり、成績処理をしたりすると大変です。ですから、学期始めから子どもたちについての記録を毎日こまめに行いましょう。放課後10分などと時間を決めて、その日にあった出来事を児童名簿などに書き込むことを続けるとよいでしょう。

そうすると、様子を書き込める子と書き込めない子が見えてきます。書き込めない子は先生が普段見えていない子です。次の日に意識して見るようにします。子どもたちの理解を深めることにもつながり、所見にも使えて一石二鳥です。成績もまとめのテストだけではなく、授業の様子やノートなど観点を決めて、チェックしておくことが必要です。

04 通知表の時短術

各科目の評定は「知識・技能」「思考力・判断力・表現力等」「主体的に学習に取り組む態度」の３観点で評価していきます。ペーパーテストはもちろん、普段の授業での様子やノートの記述などから見取ることが必要です。

また、所見は子どもたちへのメッセージです。文例集などもありますが、それをただコピペしたような文章では、子どもや家庭に思いは伝わりません。１学期間子どもたちを見てきたからこそ書ける成果や成長を伝え、最後に次の学期への課題を前向きに書くようにします。保護者や子どもが読んだときに、「たしかに！」「よく見てくれている」と納得できるようにすることが大切です。

プライベートゾーン

ねらい

自分と他の人の大切なところ（プライベートゾーン）を知り、それを守るためのルールを理解することができる。

指導のポイント

１年生は、まだまだ自分の性について意識することは少ないと思います。人にプライベートゾーンを見せてふざけてしまう、などということも起こりがちです。自分を守るためにも、相手を大切にするためにも、プライベートゾーンについて指導し、日常に生かすことができるようにしていきます。プライベートゾーンについて学ぶことは、自分と相手を大切にする方法を学ぶということでもあります。

伝えるのが難しいと感じたら

もし、伝わりにくいな、難しいなと感じたら絵本や参考資料を活用するのもよいでしょう。

① 文部科学省「生命の安全教育指導の手引き」

「生命の安全教育」にはスライドの教材もあります。

② 絵本『おしえて！くもくん プライベートゾーンってなあに？』

（小笠原和美監修、サトウミユキ制作、2021、東山書房）

読み聞かせをすることでプライベートゾーンについて理解できます。授業に使えるようにワークシートなども特典としてダウンロードできるようになっています。

③ 絵本『だいじだいじどーこだ？はじめての「からだ」と「性」のえほん』

（えんみさきこ作、かわはらみずまる絵、2021、大泉書店）

体の大切な部分はどこか、そこを守るにはどうすればよいかなどを学ぶことができます。低学年でも理解しやすい内容です。後半には、著者の遠見医師ご自身のお子さんとのエピソードを交えた内容となっています。

指導の留意点

01 プライベートゾーンってどこ？

プライベートゾーンは性に関わる大切な場所のことです。子どもたちに伝えるときには「水着を着たときに隠れる場所＋口や顔」と話すと分かりやすいでしょう。

「口はいつも見えているからプライベートゾーンじゃないのでは？」などと子どもたちから質問が出るかもしれません。そのような質問に１つずつ答えながら理解できるようにしていきましょう。

プライベートゾーンについて教えることに加えて、水着で隠れる部分以外についても、自分の体は大切なものだということも伝えていく必要があります。

02 自分の身を守るために

子どもたち自身が身を守るためにプライベートゾーンに関するルールを教えます。

① プライベートゾーンはほかの人に見せたり、触らせたりしない

② ほかの人のプライベートゾーンを見たり、触ったりしない

③ ほかの人がいるときに、プライベートゾーンを出したり触ったりしない

具体的な場面ついても触れていきましょう。例えば、体育着や水着に着替えるとき、トイレに入っているときなどが挙げられます。日常の場面で何気なく話していくことも大切です。根気強く声をかけていきましょう。

▶プライベートゾーンのルールをやぶる人に出会ったら

自分の身を守るためにできることを指導する

①「いやだ」「やめて」と言う

② 逃げる

③ 大人に言う

いざという時の対応についても指導しておくとよいでしょう。

みずぎで　かくれるところ

＋

くち　かお

たいせつなところ（プライベートゾーン）

プライベートゾーンを　さわられて　いやなきもちになったら、
たすけをもとめたり、そのばから　にげたりしよう。
あんしんできる　おとなに　つたえよう。

個人面談

ねらい

保護者と信頼関係を築き、子どもの様子について情報共有する。

指導のポイント

１学期末の個人面談では、１学期間の子どものよいところや課題点を伝えます。個人面談をする上で大切なポイントは２点あります。１つ目は、信頼関係を築くということです。２つ目は、８：２の法則です。それぞれについて詳しく紹介します。

個人面談で気を付けること

個人面談には、右のようなアンケートを用意しておくと便利です。学校で様式が決まっていたら、それに合わせましょう。コメントが返ってきたら、面談までに必ず目を通します。そして、子どもの様子を知りたいといったコメントには、個人面談の日までに子どもの様子など確認しておくようにします。

また、面談当日に、保護者が要望を伝えてくることがあります。日程など伝えてもよいことなら大丈夫です。しかし、それ以外はどんなことでも即答即決は避けます。「明日、子どもにお話を聞きます」「学年の先生（管理職の先生）へ伝えます」などと言って、一旦預かりましょう。この応答次第では、先生と保護者のトラブルにつながることもあるからです。そして、面談後に学年や管理職の先生に相談するようにしましょう。

面談の留意点

01 保護者との信頼関係を築く

個人面談は保護者との信頼関係を築く場です。ですので、つかみが大事。ドアを開けた瞬間から面談は始まっています。まずは、にっこり笑顔で保護者を安心させ、椅子に座るまでの間に、最近子どもが頑張っていることを話しましょう。我が子を褒められて嫌な気持ちになる人はいません。ここで、伝えたいことを最初にお話ししましょう。

次に、事実を語るということです。安易な憶測まで話をしてしまうと、保護者はそれも事実と受け止めます。ですので、事前に子どものノートや取り組んだプリントなどを回収しておいて、それを使ってお話ししましょう。

02 8：2の法則

８：２の法則とは、「８：２＝よいところ：課題」です。まず、よいところを先に伝えるようにします。最後に一番伝えたい課題を２割伝えます。課題といっても、悪いことばかりではなく、もっと頑張ればさらによくなるという視点でも構いません。伝える内容は事前にメモをとっておくとよいでしょう。

２割には理由があります。それは、２割ではすまない子どもがいるからです。個人面談は悪いところ発表会ではありません。「〇〇さん、いつもありがとうございます」「大変ですよね。分かります」と寄り添いつつ、一番伝えたい２割を厳選してバシッと伝えます。

▶個人面談アンケート作成の例

1年生1学期　個人面談アンケート

1年＿＿組＿＿番（児童名）＿＿＿＿＿＿＿＿

◎家庭や学校でのお子様の様子を教えてください。

◎こんな子に育ってほしいなど、お子様への願いを教えてください。

◎生活面、健康面、学習面など、個人面談で特に話題にしたいことや、担任に伝えておきたいことがあれば教えてください。

本アンケートにご記入の上、○月○日（○）までに、担任へご提出ください。

お楽しみ会のつくり方

ねらい

みんなと協力して準備し、自分だけではなく、友達も楽しめるようなお楽しみ会ができる。

指導のポイント

1年生の1学期のお楽しみ会。楽しそうな響きですが、肝に銘じておくべきことは、「失敗する確率が高い」「自分だけ盛り上がってしまう」ということです。なので、以下の3点がポイントです。それぞれについて紹介します。

- お楽しみ会の目標を決めること
- 役割を決めること
- 先生はサポート役をすること

会を運営する経験を積ませる

子どもたちが楽しみにしているお楽しみ会は、幼稚園・保育所と小学校では大きく違うことがあります。幼稚園や保育所では、お楽しみ会に参加することはあっても、運営することはほとんどありません。一方、小学校では自分たちで計画し、運営していきます。7月のお楽しみ会はおそらく初めての経験になります。なので、「お楽しみ会はこういうものだ」という経験をさせることが大切です。うまくいかない場合は、教えてやってみせる。そして、次回につなげるようにしていきましょう。

活動の展開

01 当日までの準備

まず、目標を決めます。子どもたちは、「みんなが楽しい」「みんなが笑顔になる」などの案を考えます。しかし、「楽しい」「笑顔になる」は人それぞれ違います。そこで、「一体どういうことをすればみんなが楽しくなるの？」と目標に込められた思いを全員で共有します。後で子どもたちが忘れないように、掲示しておくのもよいでしょう。お楽しみ会の活動を振り返る際にも、目標があるとやりやすいです。

そして、目標達成するために、何をすればいいのかを話し合います。ドッジボールなど意見が出たときに、それで目標が達成できそうかを考えます。

次に役割を決めます。ここでは3点あります。

1つ目は、その係が必要なのかを検討させることです。目標と照らし合わせて、「その係があるとみんなが楽しくなるの？」と考えさせます。それでも必要な係だと子どもが言えば、「もしうまくいかなかったら、次回はどうするか考えようね」と伝えましょう。

2つ目は人数です。決定する前に、予め人数の目安を子どもと決めておきましょう。増減については、希望する者同士で最終的に決定させてよいでしょう。

3つ目は一人一役を担当することです。どんな役でも構いませんが、責任をもって取り組ませるようにしましょう。

02 お楽しみ会当日の先生の役割

当日の先生の役割はサポート役です。あくまでも主役は子どもです。自分たちで計画したことを最後まで取り組ませるため、先生はお手伝いに徹します。これは成功させることがポイントではなく、お楽しみ会の成功例を子どもに見せるためのお手伝いです。

しかし、いくら先生がサポートしても、子どもたちが初めてのお楽しみ会を成功させることは難しいでしょう。その時は、お楽しみ会の後に振り返る時間を取り、次回への課題を話し合いましょう。以下が先生の主なサポートの内容です。

・移動時や出し物の入れ替えの際の声かけ
・話がしやすいように子どもを落ち着かせる
・トラブル対応

お楽しみ会が終わったら、振り返りをします。ここでは、成果と課題について話し合います。子どもたちはうまくいかなかったことに目を向けがちになるので、うまくいったことについても目を向けさせます。

話し合いの終盤は、先生が価値付けをしましょう。初めてのお楽しみ会を運営できたこと、当日楽しむ様子が見られたことを褒めてあげましょう。また、課題については、嫌な思いをした子どもたちに寄り添い、改善することが大切であることを伝えます。

最後に、「今回先生がお手伝いをしたけど、次回は自分たちでお楽しみ会ができるといいね」と励まします。

1学期の振り返り

振り返りをメインディッシュに

毎時間の授業の最後に、振り返りの時間をとっていますか。単元や行事などの後にはどうでしょうか。振り返りこそ学習の目玉、料理でいうメインディッシュです。

振り返りは自然な営み

「1年生に振り返りなんてできるの？」という声を聞いたことがあります。確かに、言われたことですら上手にできないことが多い1年生の子どもたちが、自分自身の活動を振り返り、反省し、課題を見つけ出すことなどできないのではないかと疑問に思うのも当然です。

砂場遊びを例にして考えてみましょう。子どもたちが砂山でトンネルを作っています。上手に山にならなかったり、穴が崩れてしまったりします。しかし、子どもたちは自然とその理由を考え、次の手立てを検討し、友達と協力しながら、ついにはトンネルを完成させます。こうした何気ない行動の中にも「振り返り」は存在します。

つまり、こうした自然に行われる試行錯誤の過程を構造化し、自覚できるレベルまで可視化させることが「振り返り」です。文字や記号で記録したり、友達との対話の中で言語化することで、活動の中で得られた課題や成果を蓄積していくのです。

ここでは、1学期の振り返りを行ういくつかのアイデアを紹介します。「振り返り」を全ての学校生活の主軸に置くことで、子どもたちを学習の主体（一人称）にした指導へと転換していきましょう。

指導の留意点

01 「評価のための評価」からの脱却

振り返りを行う目的が記録的評価の材料となってしまっていることは往々にしてあります。成績をつけるために子どもたちに振り返りをさせることが悪いことだとは言いません。評価したことがきちんと子どもたちへフィードバックされているのであればよいのですが、「教師が処理して終わり」ならまだしも、「書かせて終わり」という一方通行な振り返りであれば、それは教師の役割を果たしたことにはなりません。

教師はファシリテーターであれと言われます。振り返りを行う意義を子どもたちとしっかり共有し、次へとつながる助言・提案をすることがとても大切です。

02 普段から振り返りの場を

いきなり1年生の子どもたちに自由記述の振り返りを求めるのはいささか乱暴です。まずは、普段の授業の中で簡単な選択式の自己評価（振り返り）を行うようにしましょう。本時のめあてについて「◎○△」で選べるようにし、一言でよいので成果・反省を書けるようなスペースを用意します。

最近では授業支援ソフトなど、ICTでフィードバックができる評価システムもあります。コメントを記入したり、机間指導で一言声をかけるなど、子どもにとっても教師にとっても無理のない、双方向な振り返りができるようなシステムを構築します。

▶学期ごとの振り返りシートの例

1．細分化

こくご	1	( )	いつもたのしくてがんばっている	( )	たのしい	( )	ふつう	( )	つまらないがんばりたくない
	2	( )	いつも手をあげている	( )	手をあげることがおおい	( )	たまに手をあげる	( )	手はあげない
	3	( )	わすれものはいつもしない	( )	わすれものはほとんどしない	( )	たまにわすれる	( )	いつもわすれものをする
さんすう	4	( )	いつもたのしくてがんばっている	( )	たのしい	( )	ふつう	( )	つまらないがんばりたくない
	5	( )	いつも手をあげている	( )	手をあげることがおおい	( )	たまに手をあげる	( )	手はあげない
	6	( )	わすれものはいつもしない	( )	わすれものはほとんどしない	( )	たまにわすれる	( )	いつもわすれものをする
せいかつ	7	( )	いつもたのしくてがんばっている	( )	たのしい	( )	ふつう	( )	つまらないがんばりたくない
	8	( )	たくさん見つけたたくさんつくった	( )	見つからないこともあったけれど、がんばった	( )	見つけたつくった	( )	見つけたくないやりたくない
	9	( )	わすれものはいつもしない	( )	わすれものはほとんどしない	( )	たまにわすれる	( )	いつもわすれものをする
おん	10	( )	いつもたのしくてがんばっている	( )	たのしい	( )	ふつう	( )	つまらないがんばりたくない
			大きなこえで		大きなこえを		ふつうに		

たいいく	16	( )	いつ がん
	17	( )	いつ なか
	18	( )	わす いつ

1	いつも げん
2	おどうぐば いとんでき
3	きゅうしょ すれずにも
4	きゅうしょ はをみがい
5	やすみじか そぶことが
6	かかりのお やった。
7	グループで きょうりょ

2．記述式

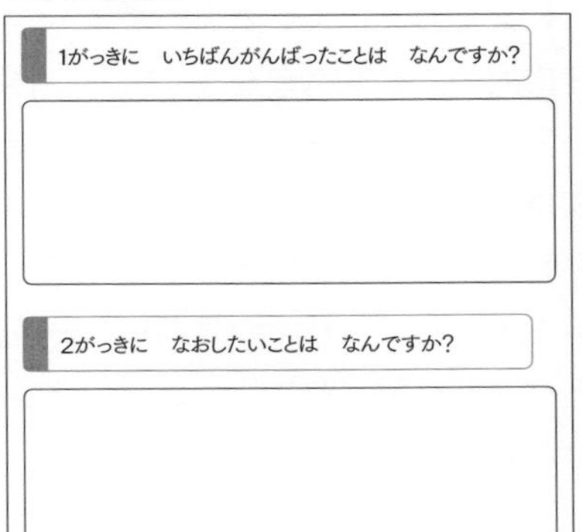
1がっきに　いちばんがんばったことは　なんですか?

2がっきに　なおしたいことは　なんですか?

03 単元や行事の終わりに

普段から振り返りを学校生活のメインディッシュとして位置付けておくと、自然と子どもたちから「もっとこうしたい」という声が上がってくるようになってきます。こうした声を丁寧にすくい上げながら、日々の生活に子どもたちの振り返りを根付かせていきます。

各教科の単元の終わりには、学んだことや、もっと頑張りたいことなどについて振り返りをします。1年生という発達段階やクラスの実態に応じて記述をさせるとよいでしょう。また、遠足や学習発表などの行事を終えたときは絶好のチャンスです。好機と捉えて振り返りを行い、フィードバックします。

04 学期ごとの振り返り

1学期が終わる1週間ほど前に、これまでの振り返りを行いましょう。今回の振り返りはかなり長い期間が対象となるため、項目を明確にした「振り返りシート」などを用意するとよいかもしれません。学習面と生活面に細分化したアンケートで振り返りを行う方法や、「一番頑張ったこと」などポイントを絞って記述させる方法もあります。

いずれにしても、これまでの試行錯誤の様子を子どもたち自身が可視化できることが目的です。また、2学期のはじめにシートを見直すことができるようにするとさらに効果的です。

夏休みの事前指導

ねらい

・健康的で安全な夏休みを過ごせるようにする。
・目的をもって、充実した夏休みを過ごせるようにする。

指導のポイント

夏休みが始まると、毎日登校することもなくなり、自由に使える時間が増えます。そのため、目的なく日々を過ごしてしまうと、あっという間に夏休みを終えてしまいます。

「夏休みが終わった時にどんな成長をしていたいか」ということを子どもたちに考えさせることで、それに向かって計画的に夏休みを過ごせるようにします。まずは、子どもたちが「どんな成長をしていたいか」ということを発表し合い、考える時間をつくりましょう。

安全面や健康面にも留意する

夏になると、子どもが関わる事故が増えます。交通事故や、花火による火災、水難事故などです。特に、夏休み期間の７月、８月は残念なことに、水辺での子どもの事故が最も多い時期となっています。さらに、水難事故のうち約半数は死亡事故へとつながっています。自分自身の命を守るために、どういった行動が危険なのか、それを防ぐためにどう行動すればよいのか、事前に伝えておくとよいと思います。

また、健康面のことも留意しましょう。特に近年、暑い夏が続いています。「酷暑日」（最高気温が40度以上の日）という言葉が気象協会により命名されたことも記憶に新しいかと思います。熱中症対策として、日々の規則正しい生活を送ることや、外で遊ぶ際にしっかり水分補給をすることなどもあわせて伝えましょう。

指導の留意点

01 安全面・健康面について

夏休みに起こり得る安全面や健康面の留意点について、夏休みに入る前までに時間を取って指導をしておきましょう。

安全面について

夏休みに起こり得る危険（水辺での事故、交通事故、子どもだけで出かけるなど）と身を守る手段について共有しましょう。身を守る手段としてはルール作りをするとよいです。

「いかのおすし」などがよい例です。

・知らない人についていかない
・他人の車にのらない
・おおごえを出す
・すぐにげる
・おとなの人にしらせる

健康面について

夏休みについ夜更かしをしてしまって、生活習慣が乱れることも少なくありません。しかし、寝不足や乱れた食生活により体力が低下していると、熱中症などの危険があります。夏休みも規則正しい健康的な生活を送れるように声かけをしましょう。

指導例

・早寝早起きをしよう
・食事は３食しっかりと食べよう
・外で遊ぶときは、帽子をかぶろう
・外に出たら、10分おきに水分補給
・外から帰ったら手洗いうがい

02 目的をもった夏休みにするために

「夏休みにやりたいこと」を１分間でできるだけたくさん書くように伝えてみましょう。そうすると、クラス中のたくさんの「やりたい」が出そろうはずです。それを共有した上で、「夏休みが終わった時に、どんな成長をしていたいか」ということをクラスに聞きます。そして、「自分が頑張りたいことを１つ決めましょう」と伝えます。そうすると子どもたちに具体的な目標が生まれます。

次に、その目標に向かうための手だてを考えます。この手立ては「習慣的にできること」にするよう伝えます。「毎日30分外で体を動かす」「毎週１冊の本を読み終える」といったものです。目標を決める際に、考えに詰まってしまう子がいた場合、その子の頑張りたいことをクラスに共有して「どういった手だてがあればできるかな？」とクラスで考えてみてもよいでしょう。目標が決まったら、頑張る様子はみんなで共有していくとよいです。

夏休み中の様子の共有は、タブレットを活用していきましょう。長期休みの際に、「今頑張っていること」といったクラス全員が見ることができる場所を作っておきます。すると、子どもたちがそこに自分の生活を投稿することができ、夏休み中でも子どもたちのつながりができます。場所が離れていてもこういった共有ができるのは、GIGAスクール構想の大きなメリットであるといえます。

8月 休養と自己研鑽でチャージする夏休み

8月を有意義に過ごすために

1学期を終え、ようやく夏休みがやってきました。ここまでの3カ月、さまざまな困難と同時に多くの成果を成し遂げられてきたのではないでしょうか。ここでは、夏休みを有意義に過ごすためのエッセンスを2つの視点に絞ってお伝えしたいと思います。

教師の夏休み　2つのキーワード

●休養で心も体もリセット

小学校の教師という仕事の大きな魅力の一つが「長期の夏休みをとりやすい」ことではないでしょうか。忙しかった1学期から束の間、心と体を解放し、英気を養う絶好のチャンスです。真面目な先生ほど、「アリとキリギリス」のアリよろしく、この夏休みを活用して2学期以降の授業準備を進めておこうとしがちです。ここはしっかりと気持ちを切り替えて、思い切ってまとまった休みを取るようにしましょう。休みなくずっと仕事をしている人こそ、頑張っていて成果が上がっているように思われがちですが、最近では、仕事のパフォーマンス向上のために積極的に長期休暇を取得させる大手有名企業も増えています。ゆっくりと本を読んだり、旅に出たり、日頃できないことを思いっきり楽しみましょう。休養も仕事の一部です。

●ゆとりある時間を自己研鑽に

しっかりと休むことが重要な一方、スキルアップのために自分磨きを行うことも同時に必要なことです。夏休みの時期には多方面でセミナーなどが開催されているほか、有名な実践を有する講師が教壇に立つ公開授業など、外部に出かけて知見を深めることもおすすめです。また、普段はなかなかゆっくりと話を聞くことができない先輩の先生を食事に誘い、授業技術やクラス経営のノウハウについてのアドバイスを聞くのもよいかもしれません。

教師こそ「主体的・対話的・深く」

小学校学習指導要領（平成29年告示）解説総則編によると「学ぶことに興味・関心を持ちつつ、先哲の考え方を手がかりに考えることを通じて自己の考えを広げ、知識を相互に関連づける」ことが大切である、と示されています（筆者要約）。私たち教師こそがこうした姿であるよう、常に意識していきたいものです。

夏休みの過ごし方（実践編）

▶ねらい　**休養と自己研鑽を同時に実現する**

せっかくの夏休み。思い切り楽しく、そしてリラックス！　ついでに、２学期からの教育活動にも生かせることができれば言うことなし、ですよね。ここでは、私の体験談を３つ紹介します。

遊びも学びも存分に楽しむ、夏休み体験談

●海外旅行（スタディーツアー）

デンマークという国をご存知ですか。私自身、かねてから北欧の教育に興味があり、思い切って2019年の夏休みにスタディーツアーに参加することにしました。コペンハーゲン郊外にある小中一貫校に１日、そして「フォルケホイスコーレ」と呼ばれる社会人向け学校に５日間滞在しました。進んだICT活用や、対話を重んじたクラス経営、居心地のよい空間づくりなど、これまでの価値観を大きく揺さぶられる貴重な経験を得ることができました。

●国際交流パーティーへの参加

海外ドラマが好きな私が独学で英語を勉強し始めたのが2016年ごろ。アプリなどを通じて気軽に国際交流パーティーなどに参加できることを知った私は、英語力のレベルアップのため、夏休みを活用して語学交換（ランゲージエクスチェンジ）の会に参加しました。東京のカフェに日本人と外国人が合わせて20名ほど集まり、英語や日本語で会話を楽しみます。私はそこで出会ったオーストラリア人の男性と仲良くなり、今でも親交が続いています。異なる価値観や文化に触れ合う機会となるのはもちろん、「教師」という狭いコミュニティーでは得られないさまざまなトピックを通じて、文字通り「世界を広げる」ことができました。

●読書

忙しい毎日だとなかなかゆっくりと読書する時間もありません。そんな私は、夏休みにまとまった本を購入してゆっくり読書を楽しむようにしています。教育書も読みますが、おすすめなのがビジネス書。興味のある分野（私の場合は地球環境や心理、職場環境など）についての本を、ソファに座りながらアイスコーヒーを片手に楽しむのが、なんとも至福です。

選ぶ際のポイント

自己研鑽だと張り切りすぎて、興味のないことに手を出してはせっかくの機会が台無しです。関心のある分野で、「新たな出会い」が期待できるものにチャレンジするとよいでしょう。「出会い」は必ずしも「人」とは限りません。本や映画、寺社仏閣などを訪ねてみるのも一考です。

2学期の準備

ねらい

2学期の始業式から仕事がスムーズにできるようにする。

指導のポイント

夏休みにやるべきことは2つ。まずは、教師の心身の健康を保つためにしっかりと休むことです。先生は真面目でついつい無理しがちです。休むことも仕事だと思って、しっかり休みましょう。次に2学期の準備です。夏休みが終わるとまた怒涛のような日々が始まります。まず自分の1学期の取り組みを見直しましょう。そして、夏休み後半から2学期の準備を少し進めておきましょう。

宿題チェックにもICT活用

コロナ感染症拡大によって、GIGAスクール構想が前倒しになり、1人1台端末の学校も増えてきています。その場合は、宿題が夏休み中に終わった子から、クラウドに各自でアップロードできる場所を作っておくとよいでしょう。

そうすることで、始業式の宿題チェックが必要なくなります。さらに、これまでは始業式に先生がクラス全員分の宿題を一気に見る必要がありましたが、クラウド提出にすると、提出された子の宿題を先生のペースで見ることができます。

準備の流れ

01 まずはとにかく休む

1学期全力で走り抜けてきた身体や心はきっと疲れているはずです。学校の先生は真面目な人が多く、休みにも何かしなければと働きがちです。ただ、それで健康を損なってしまっては意味がありません。思いきり羽を伸ばして、リフレッシュしましょう。

02 1学期の振り返り

始業式が近づいてきたら、休みつつ1学期の振り返りをしてみましょう。学期中忙しい中では見えなかったものが、少し落ち着いてみると見えてきます。クラスはもちろん、クラスの子どもたち一人一人について振り返ってみましょう。

03 夏休みの宿題チェック

夏休み後に大変なのが夏休みの宿題チェックです。教室の前に課題の種類分のかごを準備し、名簿を付けておきます。そして、出したら名簿に○を付けさせるようにすると、誰が提出しているかがすぐに分かります。

04 2学期の授業準備

忙しさの原因の一つに授業準備があります。他の業務もある中で自転車操業のように次の日の授業準備をしていては大変ですし、よい授業もできません。2学期分の授業準備を余裕がある夏休みにやっておくと、教師自身が楽になります。

9月 1年で最も長い2学期のスタート

▶ 9月の目標

３学期制の学校であれば、２学期が最も長い期間になるかと思います。また９月のスタートは４月の黄金の３日間に次ぐ、白銀の３日間と呼ばれており、長い２学期の学級経営を左右する大切な時期となります。４月のときと同じ気持ちで子どもたちと一緒に再スタートを切りましょう。

９月の学級経営を充実させるために

● 白銀の３日間でよいスタートを切ろう

夏休みを終えて登校してくる子どもたちは、各々家庭でリラックスし、どことなく気持ちが入っていない状態の子が多いです。このスタートを失敗すると、そのままどこかだらけた雰囲気で２学期が進んでいってしまう可能性があります。そのため、夏休み終了後の初登校の日には、子どもたちと活動しながら、授業や学校の雰囲気を思い出しつつ、楽しめる活動をしていくことをおすすめします。例えば、「夏休みの思い出を発表し合う」という協同活動をしてもよいかもしれません。夏休み後の子どもたちはその経験を人に話したくて仕方がない子が多いので、積極的に活動をしながら、授業の雰囲気を思い出すことができるのではないかと思います。

● 授業を充実させていこう

１年生の学習も２学期からはどんどん難易度が上がっていきます。算数では繰り上がりや繰り下がりのある足し算や引き算、国語では漢字の学習など、これまで以上に考えを働かせ、学習に向かっていく必要があります。そのため、２学期のスタートである９月に改めて「学ぶ意義」や「協同する意義」などを伝えていき、授業を充実させる仕掛けをここでしておくとよいと思います。そのためには、話し合い活動を積極的に行うようにしたり、子どもたちに「学ぶことは楽しい！」と感じさせる仕掛けをつくったりしていくことが大切になると思います。

注意事項

9月のはじめは、１学期末の頃と比べて生活リズムが乱れた状態になってしまうことが多いです。そのため、それも考慮した上で計画を立てると余裕をもつことができます。また、そういうときこそ、子どもたちが頑張っている姿を見取って、それを価値付けてクラス全体に広げていくことが大切です。

夏休みの思い出ビンゴで思い出共有

▶ねらい　夏休みの思い出を発表し合うことで、授業や学校の雰囲気を思い出す

9月のスタートをよいものにするためには、「授業の雰囲気」や「学校の雰囲気」をしっかりと思い出すことが大切です。そのため、子どもたちが経験してきた夏の思い出を、クラスみんなで発表し合う活動を通して、学校での生活を思い出させていきましょう。

活動例

まず、3×3の白紙のビンゴカードを用意します。そこに、夏休みの間に経験した「自分の楽しかった思い出」を記入してもらいます。記入が終わったら、友達のところに行き、お互いのビンゴカードを見せ合います。ビンゴカードの中に、同じ経験があればそのうち1つに○をつけることができます。そして、お互いの○をつけた思い出について「どんなことをしたのか」「どんな気持ちだったのか」ということを伝え合います。

おばあちゃんのいえにあそびにいった	アイスをたべた	りょこうにいった
なつまつりにいった	はなびをした	かきごおりをたべた
スイカをたべた	うみにいった	ゆうえんちにいった

もし、同じ経験がなければ、書いたことのうち1つを選んで話をするようにします。1人と確認が終わったら、次の人のところに行きます。また、同じ人とやることは禁止しておきましょう。これにより、多くの子のところに行き、たくさんの子と交流をすることになります。

ビンゴなので、1つビンゴを作ることが目標ですが、全部を埋めたくてしょうがない子は、どんどん友達のところに行ってビンゴを埋めようとします。ただ、ビンゴに書いた内容によってはなかなか埋まらない項目も出てきます。そのときには、自分の思い出をしっかり話せたら○にしてもよいと後から伝えるとよいです。普段発表をするのが苦手な子も仲のよい友達と一対一で話ができるため、自発的に発表を行うように仕向けることができます。

活動後のポイント

ただ共有をするだけでなく「学校生活を思い出す」ということがポイントです。そのため、「相手の話の聞き方が上手な人」「しっかりと相手の目を見て話をしている人」などを見つけクラスに共有しましょう。すると、それが価値付けられてクラスの雰囲気もどんどんよくなっていくでしょう。

始業式

2学期初日をスムーズに

長い夏休みを終え、学校生活に戻ってくる子どもたち。久々の学校生活に期待と不安を抱えているはずです。ここでは、２学期初日のスムーズなスタートのためのアイデアを紹介します。

安心して登校できる最大限の配慮を

２学期が始まるこの時期に、未成年の自殺件数が増加するといったニュースを聞いたことがある方も多いのではないでしょうか。長い夏休みは子どもたちにとってよい休息となる一方で、大きな環境の変化も生み出します。子どもたちが安心して始業式当日に登校できるように、最大限の配慮と計画を行うようにしましょう。

始業式までにすべきこと

１学期までに登校しぶりなど、気になる面があった子どもに対しては、始業式の１週間前を目安に個別に連絡をするようにします。家庭での様子はどうか、２学期に向けてどのような心境でいるかなど、丁寧に聞き取りを行います。本人が望むなら、始業式前に学校に予備登校をし、不安を払拭することも考えられます。

始業式当日にすべきこと

始業式当日に最も大切にしたいことは「いかに子どもたちに『安心』を与えられるか」ということです。教師自身が焦って「あれもこれも」とタイトな日程を組むのではなく、余裕をもった計画を意識しましょう。

期待を高める始業式アイデア４選

01 暑中見舞いの仕掛け

暑中見舞いに「仕掛け」をしてみましょう。例えば、２学期に向けて伝えたいメッセージを一字ずつに分解し、出席番号順にはがきに記します。「始業式にこのはがきを持ってきてください。みんなの言葉が合わさるとメッセージになるよ」といった具合にして郵送します。

また、「始業式にはとっておきのニュースがありますよ」や、「スペシャルプレゼントを用意して待っています」など、期待感をもたせる仕掛けもよいかもしれません。必ずしも手の凝ったものでなくても大丈夫。２学期の行事に関することをニュースにしたり、旅先で手に入れた小物（貝殻など）をプレゼントにしたりするのもいいですね。

02 提出物の回収時がチャンス

夏休みの提出物回収のタイミングこそ、子どもたちと１対１で話す絶好のチャンスです。「後ろから集めてきてください」などと、せっかくのチャンスを逃してしまってはいけません。

まずは、宿題や通知表など、提出するものの確認と順番を全体で確認し、机の上に用意をさせます。出席番号順に呼び出し、提出する間に一言二言声をかけます。一人一人長い時間は取れませんが、30秒を目安に、１学期の頑張りから教師が期待していることなどを伝えましょう。待っている子たちには、２学期のめあてカードや当番活動の希望表などを記入して待つように指示します。

03 シルバーの３日間

始業式からの３日間は、２学期の学級経営の良し悪しを占う重要な期間です。１学期にクラスが荒れてしまっても、この３日間でクラスを劇的によみがえらせることが可能です。

まずは、本書４月の全項目に目を通し、学級経営の基本を確認します。話の聞き方、休み時間の過ごし方など、子どもたちに関することはもちろん、指示・発問の仕方や言葉遣い、時間管理など、教師自身に関することについても丁寧に振り返りを行います。

始業式初日は、こうしたことを基に、子どもたちに語りかける時間を取ります。子どもたち自身が２学期の目標をもてるような手だてと「語り」を考えましょう。

04 １時間は授業を

初日は何かと忙しくしがちですが、１時間だけでよいので授業をすることを強くおすすめします。授業を行う目的は、「褒め」の場をつくり出すことです。

授業は、「シルバーの３日間」の指導直後に行うと効果的です。適切に教師の思いが伝わっていれば、子どもたちはいつになく集中して授業に参加してくれるはずです。

この姿を十分に認め、褒め、できれば写真などで記録しておきます。また、教師もこの１時間を最高な授業となるよう綿密に準備をします。「授業が楽しい」と思わせるのです。５月「学級づくりにつながる授業」(96ページ）も参考にしてみてください。

夏休み明けの学級開き

ねらい

夏休み明けで気分が乗らない子どもが、楽しい気分で２学期を迎えられるようにする。

指導のポイント

４月から少しずつ学校にも慣れてきた１年生。早く学校が始まらないかを楽しみにしている子もいる一方で、長い夏休みを家庭で過ごしたことで、少し学校に戻ることがブルーになっている子もいます。そういった子どもにとって、学校に再び慣れる準備期間がもう一度必要です。レクなどを通じて、緩やかに学校が楽しいと思ってもらえるようにするとよいでしょう。

レクにも順番がある

レクにもいろいろな種類があります。下の４つのゲームで言えば、「おちた・おちた」は個人、「嘘はどれだ？」は２人（ペア）、「沈没ゲーム」「答えを合わせましょう」はグループでやるゲームです。心理的な負担を考えると、まずは個人からだんだんと人数が増えていくような順番にしていくのがおすすめです。

心がけたいこと

２学期のはじめは自殺者・不登校の子どもが多くなる季節です。そんな中、学校に来るだけで十分です。宿題を忘れた子などもいるかもしれませんが、そういった子に厳しく接することなどは避けましょう。そして、朝やレク中の子どもをよく見て、夏休み前との変化がないかをよく観察しておきましょう。

夏休み明けにおすすめのレク

01 おちた・おちた

先生「おーちた、おちた、何がおちた？」
子ども（先生のかけ声に合わせて手拍子）
先生「りんご！」（落ちた物）
子ども（りんごを拾うように手を前に出す）
このように、先生が言う『落ちた物』に合わせてリアクションをします。

落ちた物の例
りんご→手を前に出す、雷→おへそを隠す
げんこつ→頭をおさえる　など

※ルールに決めたもの以外はリアクション禁止としたり、ひっかけるために先生が間違ったリアクションをしたりすると間違える子が出てきて、盛り上がります。失敗を笑える雰囲気づくりが大事です。

02 嘘はどれだ？

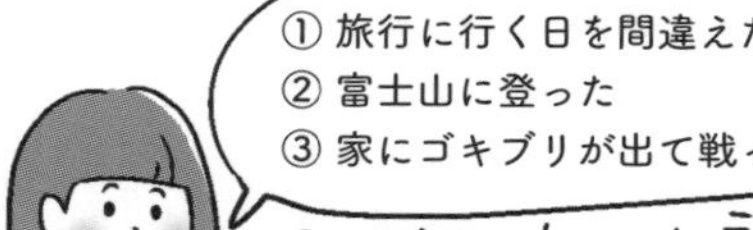

夏休み中に行ったことを３つ考えます。ただし、３つのうち１つは実際に行っていない嘘を混ぜておきます。出題者は３つどれも本当のように話します。そして、回答者は３つのうちどれが嘘なのかを当てます。まずは、先生が全体でお手本を示すとよいでしょう。

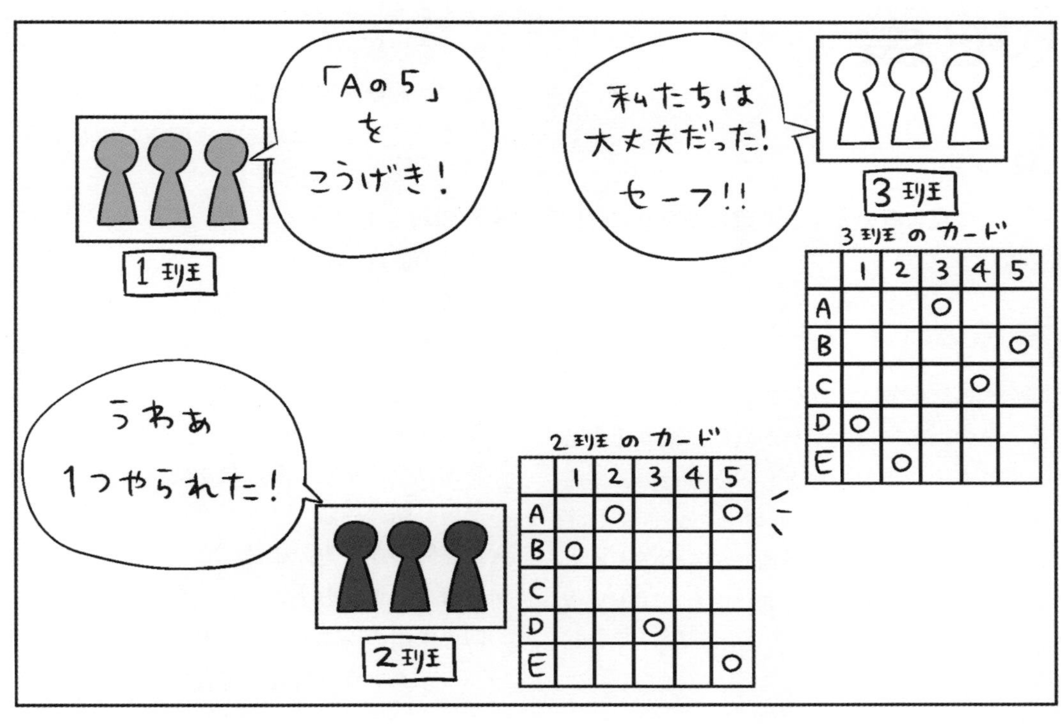

03 沈没ゲーム

① 5×5マスの表を班に1枚配り、25マスの中から班で話し合って、5マス分の船を配置します。他の班には内緒にします。
② 船の配置が終わったら攻撃の開始です。
1班ずつ順番に、どこか1マスずつ「Aの4」のようにコールをします。もし、コールしたところに他の班が決めた船があったら、船が沈没します。
③ 次のグループも同様にコール。これを繰り返していき、5つ全ての船がなくなったグループは敗退。最後まで生き延びたグループが勝利です。

04 息を合わせましょう

①「夏と言ったら食べたいものは？」などと先生がお題を出します。
② 各グループ話し合いをして、グループで1つの答えを紙に書きます。
③ グループごとに提示していき、一致した答えを書いた分だけポイントがもらえます。例えば、「スイカ」と3つの班が一致すればそれぞれのグループに3ポイント入ります。
④ いくつかのテーマでやって、一番ポイントが高いチームが勝ちです。
※「先生と一致したチームに0ポイントになる」や「2グループだけの一致は特別10点もらえる」などルールはアレンジ可能です。

避難訓練（地震）

ねらい

子どもに災害時の安全な避難行動を身に付けさせる。

指導のポイント

「命を守る訓練」であることを理解させましょう。そのためには、全員が真剣に取り組む必要があります。事前指導をしっかり行い、本番を想定して行動できるようにしていきましょう。また、訓練に対して恐怖心をもつ子どもも考えられます。子どもの実態に応じて丁寧に支援していきましょう。

事前指導のポイント

いつもと違う状況は子どもの心に大きな負担を与えます。訓練とはいえ、避難を伝える放送や教師の毅然とした口調などによる緊張感があります。避難訓練の事前指導をしっかり行い、落ち着いて訓練に臨めるよう配慮しましょう。

事前指導をしておくこと

・訓練の流れの確認
　※避難を伝える放送が流れることや教師がいつもより毅然とした態度になることを伝えておく。
・地震による影響の確認
　※窓ガラスが割れる、物が倒れるなど
・避難経路の確認
・避難時の並び方の確認
・避難の約束「お・か・し・も・ち」の確認
・防災頭巾のかぶり方の練習
・シェイクアウト行動の練習

本時の展開

01 地震を伝える放送を聞く

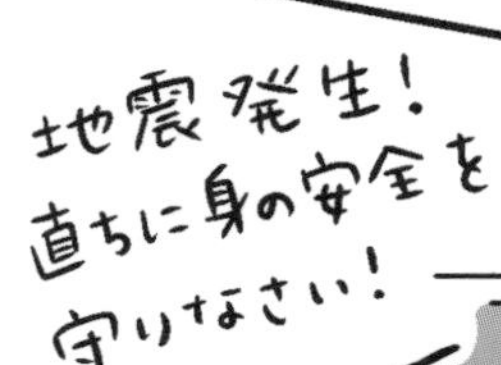

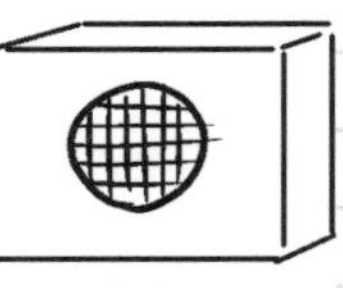

実際は、地震を体感したらすぐにシェイクアウト行動に移ります。訓練の場合は、何が起こっているのかをしっかり理解させ、行動に移させましょう。落ち着いて行動することが大切です。パニックを起こす子どもも想定しておきましょう。

02 シェイクアウト行動をとる

シェイクアウト行動とは、次のことを言います。
① 姿勢を低く
② 頭を守り
③ じっと動かない
揺れが収まり、避難の指示があるまで静かに待ちましょう。

▸シェイクアウト行動

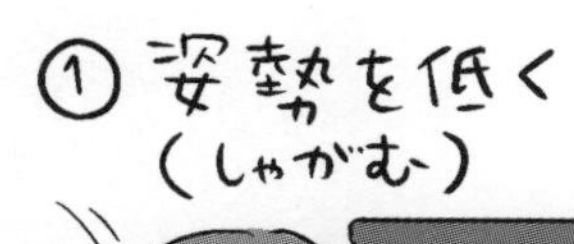

② 頭を守り
（机にもぐる）

③ じっと動かない
（机の脚をもって
固定する）

03 「お・か・し・も・ち」を守る

避難指示が出されたら、防災頭巾をかぶらせ、出席番号順に整列させます。「お」さない・「か」けない・「し」ゃべらない・「も」どらない・「ち」かづかないを守り避難します。

地震の影響で窓ガラスが割れているかもしれません。窓から離れて避難させましょう。

04 振り返りをする

今回の避難訓練で
何を学びましたか？

校庭に避難→整列→点呼→学年リーダーに報告→管理職に報告で避難完了です。訓練後は教室に戻り、振り返りを行います。「避難訓練で何を学んだのか」を質問してみましょう。「できた・できていない」の反省よりも、子どもの素直な考えを引き出すことができます。

2学期の授業

○がつ○にち（　　　）

17ばんめのかずは?

①1	2	3	4……9
②2	2	2	2……2
③3	4	5	6……1
④5	6	7	8……3
⑤8	0	2	4……4
⑥3	6	9	2……7
⑦1	6	1	6……1
⑧4	2	0	8……8
⑨5	8	1	4……9
⑩9	0	1	2……7
⑪4	8	2	6……6
⑫3	8	3	8……3
⑬7	6	5	4……9
⑭0	4	8	2……2
⑮7	0	3	6……1
⑯7	4	1	8……3
⑰4	4	4	4……4

ねらい

子どもたちが主体的に授業に取り組めるようにする。

指導のポイント

１年生２学期は、算数では繰り上がりがあるたし算、繰り下がりのあるひき算、国語では漢字がスタートするなど大切な単元が目白押しです。そういった学習も子どもたちの「学びたい！」という気持ちを大切に授業していくことが大切です。子どもたちが「成長した」と実感がもてたり、「そういうことか！」と発見があったりするような授業をしていきましょう。本時の展開では、繰り上がりのあるたし算の授業を例として紹介します。

繰り上がりのあるたし算の習熟

01 ルールを説明する

計算のルールを以下のように説明します。

ノートに①～⑰を縦一列に書く。
→①の横に１～９の中から選んだ好きな数を１つ書く。
→②の横には全員２と書く。
→③の横は①に書いた数字と②に書いた数字の上下を足した数字を書く。④～⑰までこれを繰り返す。
ただし、答えが10を超えたときは一の位だけ書く。

※①で同じ数字を選んだ子同士を集まらせて、計算ミスがないか確認してもよい。

02 17 番目の数を聞く

17番目の数を１番目の数が１だった子から順に発表してもらいます。

T「①が１だった子は、⑰は何になった？」
C「４になりました」
多数「(①が１じゃない子も含め) 僕も４だよ」
T「そんなわけないでしょ。①は1~9まで、みんなバラバラだったんだから」
C「え、僕は①は２だけど、⑰は４だよ」
C「私は①は８だけど、⑰は４だよ」
(最初に選んだ数以外で子どもたちは試す)
多数「何を選んでも４になるんだ！　すごい！」

①に1～9のすきなかずをかきます。
↓
②に２とかきます。
↓
③は①＋②、④は②＋③、⑤には③＋④のようにまえ２つをたしたこたえを⑰までかいていきます。
ただし、こたえが10をこえたときは、こたえの１のくらいだけかきます。
→こたえが 12 だったら、２だけかく。

さいごは、ぜんぶ４だ！　なんで？

②を１にかえたらどうなるの？

①	1	2	3	4……9
②	1	1	1	1……1
③	2	3	4	5……0
④	3	4	5	6……1
⑤	5	7	9	1……1
⑥	8	1	4	7……2
⑦	3	8	3	8……3
⑧	1	9	7	5……5
⑨	4	7	0	3……8
⑩	5	6	7	8……3
⑪	9	3	7	1……1
⑫	4	9	4	9……4
⑬	3	2	1	0……5
⑭	7	1	5	9……9
⑮	0	3	6	9……4
⑯	7	4	1	8……3
⑰	7	7	7	7……7

03 理由を考える

なぜ同じになるのかは、文字式などでの証明が必要で、１年生にとっては難しいです。ただ、きっと②を全員「２」に統一して指定したことが怪しいという子が出てくるはずです。１年生はその気付きで十分です。

①～⑰まで計算することで、実質15問の計算をやっているのと同じです。一般的には計算ドリルなどで受け身に計算練習をやります。しかし、このように発見ある授業をつくっていくことで、子どもは知らず知らずのうちに、面白がってたくさんの計算練習をやることになります。

04 ２番目の数をかえてみる

その流れから、２番目の数字を別の数にかえてみるとどうなるかを問いかけます。もしも、先生が言う前に子どもたちからそのような意見が出たときには、大いに価値付けてあげましょう。

C「②を１にしたらどうなるかな？」
C「やってみよう！」
C「僕は①が１で、⑰は７だった」
C「私は①が９で、⑰が７になったよ」
多数「②を１にすると、今度は⑰が７で揃うんだ！」

授業後も、家で②を他の数でやってくる子が出てくるのを期待したいところです。これがまさに主体的態度。自主学習へつながる一歩でもあります。

10月

目標を再設定する10月

▶10月の目標

・子どもたちの持ち物や友達関係などに目を向け、未然に子どものトラブルを防いでいけるように、子どもの変化に気付くアンテナを広くする。
・10月の中旬は運動会や遠足など大きな行事が終わり、子どもは疲れがたまっていたり、何を頑張ればいいのか分からなくなったりするため、子どもに目標をもたせる。

10月の学級経営を充実させるために

●子どもの変化に気付くアンテナを広くしよう

運動会や遠足など大きな行事が続き、子どもたちは普段と違う生活を送ってきました。他の学年の子どもたちも同じですが、特に１年生は生活に見通しをもつことが難しいです。そのため、自分のことで精一杯になってしまう傾向があります。例えば、持ち物です。１学期の生活では、持ってきてよいものとよくないものについて、先生が丁寧に指導してきました。２学期の中頃になると、子どもたちも自分で考えるようになってきます。「これも持ってくると便利なのではないか」と、子どもたちもよかれと思って不要なものを持ってきてしまいます。１時間に２人を見ていくようにすれば、約３日でクラス全員の様子を把握していくことができます。子どもたちも気になったことを先生に伝えてきますので逃さないようにすることがコツです。

●子どもに新たな目標をもたせよう

運動会のように「優勝するぞ！」というような明確な目標を立てて過ごすことは、１年生の子どもでもそんなに難しいことではありません。なぜなら、それは幼稚園や保育所の年長さんの時もやってきているからです。しかし、大きな行事が終わると、プツっと緊張の糸が切れ、ぼんやりしている子や遊びだしてしまう子が出てきます。そんな時は、子どもに目標をもたせるとよいです。例えば、「学級会で10月のハロウィンを成功させよう」というのもよいかもしれません。また、運動会や遠足などの行事で学んだことをこれからの生活にどう生かすのかについて考えさせ、２学期の目標を再設定させてもよいと思います。実行可能な目標にしていくことが大切です。

注意事項

この時期の先生方は大変お疲れだと思います。でも、ここで気を緩めて子どもの変化を見過ごし、目標をもたない学級になると、「11月の荒れ」を引き起こす原因になりますので、注意しましょう。

２学期後半の目標を立てる

▶ねらい　２学期後半の目標を再設定し、よりよい生活につなげようとする気持ちを育てる

行事を通して、子どもたちは友達と頑張ることの大切さを学んできました。それまでは、自分を中心に様々なことに取り組んできましたが、２学期からはクラスのために頑張る気持ちを育てていくことが大切です。そのために、自分ができることを考え、目標を設定させるようにします。

活動例　クラスのために自分ができる目標をつくろう

① 最近のクラスの様子を発表させる。

・運動会で優勝できた。

・みんなと遊ぶ時間がなかった。

・授業中におしゃべりをする子がいる。

② クラスの目標を達成できたかどうかを振り返る。

・運動会で優勝できたのは、みんなで力を合わせたから、クラスの目標をちゃんとやっている。

・時間がなくて遊べなかったから、仲良くなる目標はまだできていない。

・授業中におしゃべりをしているのは、みんなで頑張る目標になっていない。

③ もっとクラスの目標を達成するためには、どんなことができるのかを考え、目標を立てる。

・休み時間は「遊ぼう」と言って、みんなで外で遊ぶ。

・おしゃべりをしている子には「お話を聞こうね」と言う。

・運動会の練習など、何か頑張っている友達に「すごいね」と言う。

活動後のポイント

「クラスのために」というと、「みんなが仲良くなる」「みんなが楽しくなる」というような漠然とした内容になってしまいがちです。誰にどんなことができるのかを具体的に考えさせていくことが大切です。

いいところみつけ

ねらい

・互いに承認・称賛し合うことで、自己肯定感を高める。
・クラス内の心理的安全性を高める。

指導のポイント

低学年の子は、先生に言いつけをすることが多いです。こういった行動が増えると、クラスの雰囲気が徐々に悪くなります。互いによいところを見つけ合うことができると、そこに心理的安全性が生まれ、クラスの雰囲気はよくなっていきます。

一つ気を付けるべき点は、「褒められる」ことが目的にならないことです。外的動機付けが強くなると、自発的な行動が少なくなります。行動をした動機などに価値付けていく声かけをしましょう。

活動の展開

01 よい行動を価値付ける

まずは教師自身が、子どもたちの「いいな！」と思う行動を見つけていきましょう。そして、帰りの会などに、「今日は○○さんが、給食の配膳台を隅々まできれいにふいてくれていたよ！　隅まできれいにするなんてなかなかできないけれど素敵なことだね！」などのように、子どもたちとその様子を共有します。

1日1つ決まったときに必ず伝えることで、子どもたちも「今日はどんなことが言われるのかな？」「次は自分が言われるかな？」と気にするようになります。

02 よい行動を見つける子を価値付ける

今度は紹介された行動をまねする子や、自分自身の行動を紹介してもらいたくて、それを先生に伝える子がでてきます。ですが、これを紹介することはしません。ここで紹介をすると、「褒められたいから行動をする」という動機付けにつながってしまいます。

次に価値付ける行動は「他の人がしているよいところを見つけられる子」です。「○○くんがバケツの水をこぼしてしまった△△さんを手伝って、床を拭いてくれていたよ」などのように、他の人がしているよいことを見つけた子がいたら、そのことを帰りの会などに共有をします。「人のよいところを見つけるということは素敵なこと」ということをあわせて伝えます。

03 友達同士で伝え合う

「人のよいところを見つけること」に価値付けを行うと、今度はそれを先生に伝えてくる子が多くでてきます。そうしたら今度は「本人にそのことを伝えてごらん」と伝えます。これにより、友達からの承認・称賛を得ることになり、自分自身の行動がさらに価値付けられます。お互いに言われたらうれしくなるので、そういった行動がよりプラスの動機付けになり、好循環が生まれます。

その他にも、他の子のよいところを共有し合う仕組みをつくります。次の項目で２つ実践を紹介します。

04 共有し合う仕組みづくり

ハッピーポスト

学級内に専用のポストを設置します。休み時間などに、友達からしてもらって「うれしい！」「いいな！」「ありがとう！」と思ったことを、紙に書いて、ポストに投函します。それを先生が見て、その子に届けます。また、１日１つ帰りの会などで、紹介するのもよいかもしれません。

いいところツリー

掲示板に大きな木を印刷した紙を貼っておきます。そこに葉っぱに見立てたカードを用意しておき、友達のよいところを見つけたらそのカードに書いて貼るようにします。カードが増えるほど、葉が生い茂り、大きな木になっていきます。

読書活動

ねらい

読書活動に集中して取り組み、様々な種類の本に慣れ親しむことができるようにする。

指導のポイント

読書活動では、静かに本を読む雰囲気を大切にしたいです。そのために、読書の決まりを確認しましょう。低学年のうちから様々な種類の本に慣れ親しみ、読書が好きな子どもに育ってほしいと思います。

活動の展開

01 事前に本の準備をする

教室で読書をする場合は、読む本を事前に用意させておきましょう。読書の時間が始まってから探しに行かせると、探すだけで時間が終わってしまうこともあります。「読書の時間は読書をする時間」と伝えておくとよいです。早く読み終わってしまう子どももいるので、３冊ほど準備させるとよいです。

学校図書館で読書する場合は、「本を見つける時間・読書をする時間・片付けたり借りたりする時間」と区別するとよいです。見通しをもち、読書に集中しやすい環境をつくっていきましょう。

02 読書の決まりを確認する

読書の決まり

① 自分の本は自分だけで読もう
② 静かに読もう
③ 座って読もう

解説

読書中、１冊の本を複数人で読んでしまうことがあります。おしゃべりに発展してしまい静かに読書する雰囲気が崩れてしまいます。本の内容を共有したくて話しかけてしまうことも同様です。

また、読書中に立ち歩きがあると、周りが気になって集中が途切れてしまいます。「１人で黙々と座って読書」ができるように確認をしておきましょう。

03 教師も読書をする

子どもたちの読書中は、教師も読書をしましょう。教師が真剣に読書をする姿は、集中して読書をする雰囲気を高める効果があります。また、教師が読んでいる本に興味をもち、新しい本に出会うきっかけになるかもしれません。

朝読書の時間では、「先生の本の読み聞かせ」を行ってもよいです。普段の読書とは違い、教師の工夫された読み方や身振り手振りなどを交えることで楽しい読書活動になります。

04 おすすめの本を紹介する

子どもが読んだ本を定期的に共有することで、様々な種類の本に慣れ親しむ環境をつくることができます。

友達のおすすめ図書のコーナー

当番制でおすすめの本を置くことができる取り組みです。毎週月曜日に次の友達の本と入れ替えます。友達のおすすめする本を知り、読みたい気持ちを高めることができます。

先生のおすすめ図書のコーナー

教師が読書の時間に読んでいる本や、読書が苦手な子どもでも読みやすい本、読書が得意な子どもが読みたくなる少し難しい本など、子どもの実態に合わせてそろえておくとよいです。

思考ツール

思考ツールとは

物事を論理的に捉え、目には見えない思考を可視化できる形で整理する力が求められています。こうした力を育成するのにとても役立つのが「思考ツール」です。

思考の10の分類

思考の分類方法にはいくつかの種類がありますが、右の図のような10の区分に分類することが多いようです。１年生の初期の発達段階では難しい部分もありますが、やり方さえ間違えなければこの全てを網羅することは可能です。

また、これらの思考を整理するために「チャート図」「フィッシュボーン図」などに代表される思考ツールを活用することができます。ここでは、４つの代表的な思考ツールについて紹介します。

NHK for School「様々な思考ツール」

代表的な３つの思考ツールについて８分程度の動画で説明しています。導入として子どもたちに視聴させたり、１年生には少し難しいと感じるようなら、動画を参考に説明をしてあげるのもよいでしょう。

○NHK for School「様々な思考ツール」
動画リンク（https://www2.nhk.or.jp/school/movie/clip.cgi?das_id=D0005320341_00000）

思考ツールの例

01 ＸＹチャート図

３つ、もしくは４つの分類によってまとめる思考ツールです。例えば、「じどう車くらべ」（光村１年）で登場するバス、トラック、クレーン車のつくりとしごとについてまとめたり、「かたちあそび」（東書１年）で、四角や丸、筒の形などに分ける活動にも使うことができます。

02 フィッシュボーン図（お魚図）

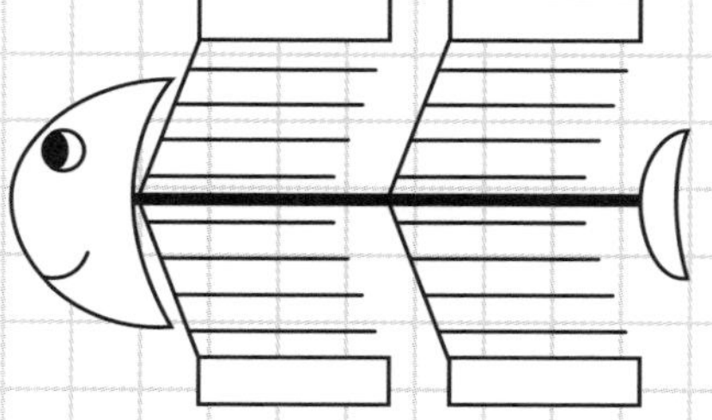

テーマに沿ったいくつかの視点ごとに、意見や事例を整理する図です。例えば、生活科で「校庭探検で見つけたもの」というテーマに対し、「植物」「動物」「遊び道具」などという視点を書き込みます。見つけたものを視点に分類して整理していきます。

思考の10の分類表

高学年用

比較	共通点は　違いは
分類	この視点で分けると
関連	これらを関連づけると
類推（るいすい）	類似点から考えると
一般	これらのことから
具体	たとえば
多面	他の視点から
統合	まとめると
批判	本当にそう言えるか
反証（はんしょう）	反対の例を示すと

低学年用

くらべる	おなじ　ちがう
わける	なかまわけ
つながり	かかわりあい
よそう	きっと～かも
つまり	ほかも　おなじかも
たとえ	たとえば
ほかに	ちがう　みかた
まとめ	まとめると
ぎもん	ほんとうにそう？
はんたい	はんたいいけん

〔参考文献〕田村学・黒上晴夫著（2013）『「思考ツール」の授業：考えるってこういうことか！』小学館

03 クラゲチャート

クラゲの頭の部分にテーマを記入し、それについての意見や事例を足に記入していきます。例えば、「いろいろな楽器」というテーマに対して、「カスタネット」「すず」などを足に書き込みます。汎用性の高い思考ツールなので、様々な場面で活用ができます。

04 マンダラ図

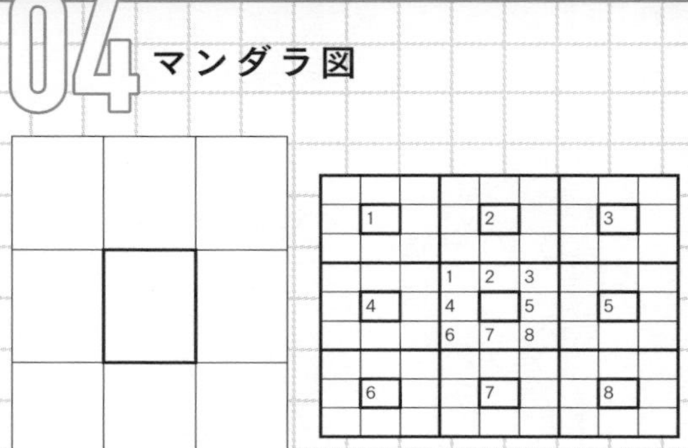

９つの枠の中心にテーマを記入し、それに関する事例や要素を周囲に記入します。例えば、中心に「２学期のめあて」と入れ、周囲に「勉強」「係活動」などと書き込みます。上級編（右図）では「勉強」「係活動」に対してさらに思考を深め、最大81マスを埋めていきます。

周りを刺激してしまう子

ねらい

自分の行動を振り返り、自分の行動を周りがどう感じているのか聞くことができる受け皿をもつ。

指導のポイント

題記の子は、周りとトラブルに発展してしまうケースが多いです。その際は、双方の話をしっかりと聞きましょう。１年生の多くは、主観でしか物事を捉えることができません。だからこそ、その子の話は「その子にとっての真実」であるということを忘れてはいけません。ごまかしてしまう場面も、それも含めてその子の真実です。その真実を受け止めた上で、相手の話を受け入れる受け皿をつくれるようにしましょう。

周りを刺激してしまう子に出会ったら

周りの子の感情を煽ったり、叱られている子のところにあえて近づいていったりする子がいます。「自己肯定感の低さ」からそういった行動を取ってしまう子が多いです。自分が周りよりも劣っていると思うからこそ、些細なことでも周りに攻撃的な、自分の立場のほうが上だという行動を取ったりしてしまいます。まずは、そういった子に対して「先生は味方だよ」というメッセージを日々伝えることが大切です。「いつも味方である先生がそういうなら……」と考えを改めさせるきっかけをつくるためです。そのためには、日頃から、その子の言うことにきちんと耳を傾けて、受け止めてあげましょう。

また、そういった子の親は、子どもと同様に自己肯定感が低いことや、極端に厳しく子どもに接していることが多くあります。保護者に対しても、その子のよいところを伝え、その子を受け入れていることを伝えつつ、改善点を伝えていくことを心がけていきましょう。

指導の展開

01 日々の生活から、その子の行動を認める声かけを

こういった子は、指導をしなければならない場面のほうが多くなりがちなため、その子のよい行動を見取ろうと意識します。「配布物を配ってくれた」「片付けの手伝いをしてくれた」そういった場面を教師がつくってもよいでしょう。その行動を認めてあげましょう。

02 双方からしっかり話を聞く

双方からしっかり話を聞きましょう。そして「あなたはそう感じたんだね」とその子の言うことをしっかり受け止めましょう。片方が話をしているときは、もう片方の子には「後から必ず話を聞くから」と伝えて途中で口を出さないように約束をしておきます。

03 お互いの話をすり合わせる

双方から話を聞くと、お互いの話に噛み合わない点が出てきます。これを「相手から見たらこう見えたみたいだけど、どうかな？」と聞いてみます。自分の行動を相手の目線から振り返ることで、メタ認知の力を養います。

04 保護者と協力をする

保護者にも事の経緯をきちんと伝えます。伝える際にも「〇〇さんはこう感じていたようです」と、子どもの話をした上で、実際の出来事を話すとよいです。

こうすることで、保護者も「自分の子の話も聞いてくれている」という安心感につながります。

11月

荒れが起こりやすい11月

11月の目標

① 日常の生活や授業を充実させていく。

② 日々の学校生活の中に非日常となるレクやイベントをつくるなどし、目標をもたせる。

11月の学級経営を充実させるために

●「日常」の充実が要

11月は、あまり大きな学校行事がありません。運動会や遠足などの大きなイベントが終わり、少し気が抜けてしまう子どもたちも多くなります。また、１年生は入学から半年が経ち、学校への慣れもでてくる頃です。何もないからこそ、「日常」を大切にすることが重要です。では、「日常」とは何か。それは、生活と授業です。

生活は、あいさつや整理整頓、時間を守るなど４月から意識してきたことを改めて確認していくことが大事です。叱るのではなく、なぜそうしなければいけないのかという理由とともに譲らないところは譲らないという姿勢を見せていきましょう。

もう一つが授業です。改めて考えてみると、子どもたちが学校で過ごす大半の時間は授業を受けています。その授業の充実なくしては学級経営の安定はありません。子どもたちが楽しいと感じる授業をつくっていくことが非常に大切です。

●レクやイベントで仕掛ける

イベントがないのならば、イベントをつくってみるのも一つです。レクをこまめに取り入れたり、12月にクリスマス会などのイベントを設定し、そのようなプロジェクトを進めたりすることで子どもたちのモチベーションを高めていくことができます。

注意事項

１年生は自然と「～したい！」という気持ちを表現してくれます。ですから、荒れやすい11月だからこそ授業でもイベントでも、子どもたちの言葉に注意深く耳を傾けることが子どもたちとの関係づくりの一歩となります。

写真で価値付け！

▶ねらい　子どもたちの行動を価値付ける

先生が意識して言葉で価値付けしても、言葉はその場限りで消えてしまいます。子どもたちの素晴らしい行動を写真で残して掲示しておくことで、子どもたちから常に見える状態になり、その素晴らしい行動がクラス全体に広がりやすくなります。

活動例

子どもたちの様子を見ていて、これは「すごい！」「クラス全体に広げたい！」という行動を観察します。そして、そういう姿を写真に撮っておきます。

例えば、右の写真は、子どもたちが給食後に自主的に牛乳パックをきれいに並べたときに撮影したものです。その他にも、放課後に教室のゴミ拾いや机の整理をしている子の姿、バラバラになったプリントを整えている子の姿などを撮っています。

その日の帰りの会、撮った写真を子どもたちに見せ、その価値を子どもと対話しながら、先生が語ります。その後、子どもたちの目に付くところに掲示します。

そうすると、次の日以降、まねして同じように行動をしようとする子が増えます。**大切なのは、そのまねをしようとした子のことも見逃さずに、価値付けてあげることです。**

これを繰り返していくことで、クラスのために動こうとする子がどんどん出てきて、クラスにとてもよい雰囲気がつくられていきます。

活動後のポイント

上記の活動が軌道にのってきたら、今度は子どもたち自身に価値付けさせていくこともとても有効です。ICT端末が利用可能な場合は、子どもが写真を撮ることもできます。利用できない場合は、用紙などを用意して書かせるとよいでしょう。

不登校

ねらい

不登校の子どもとつながり、継続的に支援をする。

指導のポイント

不登校の要因は様々です。その子自身でも理由が分からない場合もあります。「自分はどうして学校に行けないんだろう」と自分を責めているかもしれません。そんな子どもたちの心に寄り添い、不登校の子どもとつながりをもちましょう。

保護者も強い不安を感じていると思います。家庭での様子を聞きながら協力していきましょう。対応の際には、校内で教育相談コーディネーターをはじめ職員と連携を図りましょう。

継続的に支援する

登校するまでに時間がかかる場合もあります。そのような状況でも、焦らずに地道な取り組みを継続しましょう。学級の様子を伝える、学習予定と内容を伝えるなどこまめに連絡をしましょう。別室での個別指導や放課後登校、ICTを活用した支援などの可能性も探りながら、学習を保障していくことも大切です。見通しをもって対応していくためには、教育支援計画を活用する、こまめにケース会議を行うなどといったことが有効です。

保護者には、現在の状況をどう捉え、どのような支援を考えているかを伝えましょう。また、保護者への学校外の支援機関に関する情報提供も考えられます。

指導の留意点

01 不登校対応の基本

不登校は、取り巻く環境によってどの子どもにも起こりえること、その行為を「問題行動」と判断しないこと、そして、不登校の子どもと保護者に寄り添い対応していくことが基本です。「登校する」という結果だけを目標にせずに、子どもが今何を必要としているのか、ということを想像し子どもとつながっていくことが大切です。

また、保護者の気持ちに寄り添いながら支援し、学校のできることを伝えましょう。校内職員や関係機関との連携を図る、ということも不登校対応の基本として挙げられます。不登校の原因は多様です。それぞれの立場から情報を出し合い、理解を深めながら対応しましょう。

02 未然防止、早期発見・早期対応

欠席の際には、すぐに働きかけましょう。1日目に電話をします。もし、3日間休みが続く場合には、欠席した子どもの顔を見に行きましょう。3日間休んだ子どもについては、教育相談コーディネーター・学年職員・養護教諭などと情報を共有します。不登校対応は、子どもが学校に来ることができているという状況での対応、休みはじめの対応が非常に重要です。

欠席が続いた子どもが登校した際には、その様子をしっかり把握し支援しましょう。1人で過ごすことが増えていないか？　保健室に頻繁に行くようになっていないか？　学習意欲が低下していないか？　など細やかに様子を見ます。保護者にも、連絡をしながら、学校が力になれることを伝えましょう。

早期対応～休みはじめの対応～

【欠席１日目】担任から電話連絡。心配している気持ちを伝える。

１日目でも、理由が明確でない場合や心理的要因を理由とした欠席である場合には、保護者に連絡を取ります。また、必要に応じて家庭訪問をして保護者と話をしたり子ども本人と話したりしましょう。

【欠席２日目】学年の職員などと共有する。

立ち話でもちょっとした時間に状況を共有しましょう。「そういえば最近あの子１人でいることが多かったかも」など思わぬ気付きがあるかもしれません。教科担任や養護教諭からの情報も重要です。普段の何気ない情報共有が２日間の休みの理由につながるかもしれません。

【欠席３日目】家庭訪問を検討し必要に応じて実施する。

保護者も子どもの欠席が続き不安になっているでしょう。家庭訪問の際には、事前に校内でよく相談し、何をどのように伝えるかを考えておく必要があります。保護者には、学校がこれからも積極的に関わり支援していくことを伝え、子ども本人には、心配していることが伝わるように温かな声かけをしましょう。３日目以降も、学校が常につながっていることを伝えていくことが大切です。

学習につまずきのある子への支援

ねらい

学習につまずきのある子をより適切に支援する。

指導のポイント

学校にいる時間のうち一番長いのが授業です。一人一人の学習状況を把握し、つまずきがある場合には、適切な指導・支援が必要です。指導・支援の際には、３つの段階を意識しましょう。

第一段階は、学級全体に対する指導・支援。第二段階は個々の認知の特性などに配慮した指導・支援。第三段階は個別の場での指導・支援です。全ての段階で、特別支援教育の視点を生かして教室の多様な子どもたちの指導・支援を心がけましょう。

氷山モデル

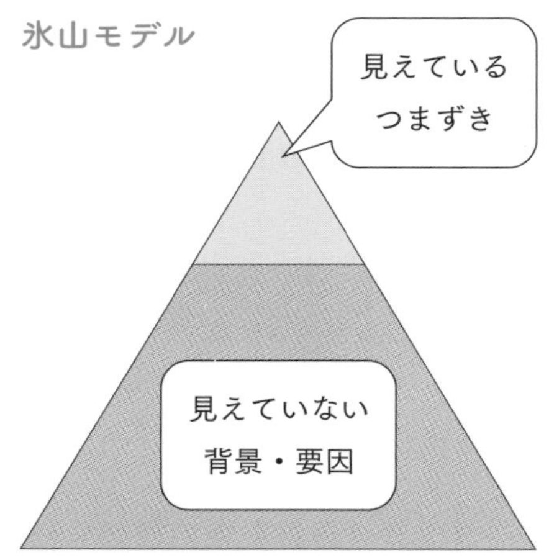

〔参考文献〕
川上康則著（2010）『〈発達のつまずき〉から読み解く支援アプローチ』学苑社

指導の展開

01 子どもを見取る

例えば、漢字を書くのが苦手な子どもがいるとします。どのような原因が考えられるでしょうか？「書く」ということに関連する力として、見る力、動かす力、聞く力、覚える力などが考えられます。それらのどこにつまずきの原因があるのかを見取り、指導・支援することが大切です。

具体的な支援の方法として、例えば、漢字の成り立ちのイラストを示しながら、意味を視覚的にイメージさせてから練習する、Qフレーム（シリコンゴム製のシートに、ノートのマス目の大きさで正方形の穴がくりぬかれた教具／株式会社ゴムQ）を活用する、などといった方法もあります。適切な指導・支援は、子どもの適切な見取りから始まります。

02 氷山モデルをイメージする

目の前に見えているつまずきには多くの隠された要因があります。氷山モデルでは、水面に見えている姿（つまずき）はごく一部で、多くは水面下に隠れている様子をイメージします。表面的なつまずきからその背景を考えましょう。

例えば、板書を書き写すことができない、というつまずきがあるとき、その原因として、視力や眼球運動が弱い、周囲の刺激に意識が向き集中することができない、言葉の意味を理解できずに単語を認識できないなどの可能性が考えられます。その場合には、合理的配慮として、視覚的な刺激を減らす、板書の配置や色遣いを工夫する、ICTを活用するなどという方法が考えられます。

▸ユニバーサルデザインの視点を取り入れた授業づくり

チェックリスト			
校内統一項目	A 授業の構成	①「導入」「展開」「まとめ」に一貫性があった。	
		② 学習活動の時間設定は、児童にとって適切だった。	
		③ 学習形態（個人・ペア・グループ）は、児童にとって効果的だった。	
		④ 課題の解決に向けたしかけや支援は、児童にとって効果的だった。	
		⑤ 課題の難易度は、児童にとって適切だった。	
	B 板書 教材や教具	⑥ 板書は、授業の流れや内容を捉えやすいように構造化されていた。	
		⑦ 板書は、どの席からも見やすい字の大きさや行間、色遣いだった。	
		⑧ 板書は、ノートやワークシートとの関連が図られていた。	
		⑨ 教材や教具は、操作の難易度が児童にとって適切なものだった。	
		⑩ 教材や教具は、課題解決の支援として効果的なものだった。	
	C 話し方 説明や指示	⑪ 話し方は、スピードや間の取り方が児童に合っていた。	
		⑫ 話し方は、短文を用いて要点が明確だった。	
		⑬ 説明や指示の際は、聴覚情報以外の情報も併用していた。	
		⑭ 説明や指示の際は、曖昧な表現をさけ具体的な表現を使っていた。	
		⑮ 説明や指示の際は、一指示一活動を心がけていた。	
個別設定項目	D 本時の授業ポイント	⑯ 本時の学習への意欲を高め「ひきつける」ことができていた。	
		⑰ 授業のねらいをしぼって「方向づける」ことができていた。	
		⑱ 児童同士の思考を「むすびつける」ことができていた。	
		⑲ 児童の理解をこまめに「そろえる」ことができていた。	
		⑳ 授業の最後に「わかった」という実感を持たせることができていた。	

教育のユニバーサルデザインは、教室の多様な子どもたちみんなにとって「あると便利な支援」です。そして、支援を必要とする子どもにとっては、「なくては困る支援」であると言えます。

授業のユニバーサルデザイン化は授業への参加を促し、つまずきを減らします。

これらの項目を活用することで、授業における工夫を共有することができます。

〔出典〕阿部利彦編著（2017）『通常学級のユニバーサルデザインスタートダッシュQ＆A 55』（47頁）東洋館出版社

03 ユニバーサルデザインの視点を生かす

教育のユニバーサルデザインは、より多くの子どもたちにとって、分かりやすく、学びやすく配慮された教育デザインのことです。教育のユニバーサルデザインの視点を生かすことは、学習につまずきの見られる子どもにも、そうでない子どもにも分かりやすく、参加しやすい授業につながります。

人的環境と教室環境、授業のユニバーサルデザイン、その3つを柱にして取り組みます。柱の1つ、授業のユニバーサルデザイン化を進めるために、あらかじめ授業づくりの視点をリスト化して、それをもとに授業を検討するという方法があります。まず、教室全体への指導を見直すことで、つまずきにくい、分かりやすい授業を心がけましょう。

04 個別に支援する

全員を対象とした工夫をしてもつまずきが見られた場合には、個別の支援を行います。重要なのは、課題を細分化しどの部分でつまずいているかを特定すること、その上で、つまずきの背景を「〇〇だからかもしれない」と想定し、指導・支援を試みることです。

例えば、読みのつまずきを発見するには、多層指導モデルMIM（アセスメントと指導を連動させた指導モデル）のアセスメントの活用が考えられます。アセスメントの方法も子どもの実態に合わせて検討する必要があります。個別の支援をする際に、校内で協力して子どもへの理解を深めたり、実態に応じて他機関と連携して指導・支援の方法を検討したりすると有効な手だてが見つかるかもしれません。

〔参考文献〕梅津亜希子・杉本陽子著（2016）
『多層指導モデルMIMアセスメントと連動した効果的な読みの指導』学研プラス

教室の雰囲気づくり

居心地のよいクラスに

「どの子にとっても過ごしやすく、居心地のよい教室の雰囲気をつくり出したい」教師なら誰でもそう思うものです。ここでは、温かさで溢れるクラスづくりのヒントをご紹介します。

全ての子を「包み込む」

温かいクラスの雰囲気をつくる中でとても大切なのは、教師がどの子も「包み込む」寛容さをもつことです。「どの子も」です。明るく元気な優等生はもちろん、いつも問題ばかり起こしてしまうやんちゃさんも、おとなしくて感情を表に出さないおっとりさんも、全ての子のありのままを受け止め、包み込むのです。

「そんなことを言っても、教師も人間です。どの子も包み込むのは不可能です」という気持ちは分かります。全ての子を「受け入れる」必要はありません。

クラスの輪に入れない内気な子がいれば、その子をそっとクラスの内側へと包み込みます。友達とけんかばかりですぐに手が出てしまう子も、その子のイライラ、トゲトゲを包み込み、自分の行動に対する振り返りを自分の意思でできるような場と時間を与えます。決して「ごめんなさい」を強要してはいけません。かえって誤った振り返り（価値観）を与えてしまいかねません。

ともすると教師は、「あの子は家庭（学力）が厳しいから」と、あれこれと理由を付けて「包み込む」のをやめてしまいがちです。一時の事象に目を奪われず、子どもの成長と強さを信じましょう。

今日からできる「包み込む」クラスづくり

01 子どもが中心（主人公）

礼儀を正しく教えることは大切です。しかし、「教師は目上の立場だ」という意識はやや危険です。教師が子どもとできる限り対等であろうとするくらいで丁度よいです。子ども一人一人に敬意をもち、意思決定の場面には子どもたちの意見を常に求めましょう。

また、物事の解決をむやみに焦ってはいけません。必要に応じて子どもたちに協力を仰ぎ、「どうすればいいかな」と問いかけましょう。命に関わる重大な事故を除いて、トラブルや問題は子どもたちの意思決定のトレーニングの場と捉え、先回りして火種を消さないようにすべきです。

教師が子どもたちをコントロールしようとすればするほど、子どもたちにも同様のヒエラルキーが生まれ始めます。「包み込む」姿勢に徹することが大切です。

02 一緒に喜び、一緒に悲しむ

教室の雰囲気は子どもたちがつくり出すものとはいえ、教師の立ち振る舞い方が大きく影響するのも事実です。１年生の子どもたちは、多かれ少なかれ、教師であるあなたをモデルにして生活をします。

やんちゃな子がイライラを我慢できた場面に出会ったら、笑顔いっぱい喜んでください。普段は内気で輪に入れない子がクラス遊びで笑顔を見せたら、肩をたたいて「うれしい」と声をかけてあげてください。また、子どもの失敗に対して、とがめるのではなく、一緒に悲しんでください。そして、その解決方法を導く手助けをします。

こうした一つ一つの教師の振る舞いが、教室の雰囲気を少しずつ、しかし着実に変えていくはずです。

03 聞き上手になる

教師は概しておしゃべりです。ついつい子どもの声をさえぎって指導やアドバイスをしがちです。

子どもの話を徹底的に傾聴する「聞き上手」になりましょう。笑顔でうなずきながら、子どもの声に耳を傾けます。忙しい先生でも、短い時間で相手を大満足させることができる、聞き方「さしすせそ」を紹介します。ぜひ試してみてください。

さ：「さすが！」
し：「知らなかった！」
す：「すごい！」
せ：「絶対（そうだよ）」
そ：「そうなんだ！」

04 緑視率で雰囲気向上

少し意識を変えて、環境から教室の雰囲気向上を考えてみましょう。視界に占める緑色の割合（緑視率）を10～15%にするだけで、ストレス軽減や集中力を高める効果があると科学的に実証されています。観葉植物はもちろん、造花やテキスタイルでも効果があるとされています。

タブレット端末活用のルールの確認

ねらい

・タブレット端末の正しい使い方を学ぶ。
・規範意識をもってタブレット端末を活用する姿勢を身に付ける。

指導のポイント

はじめにルールを定めて、きちんと導入をしても、活用をしていくうちにトラブルが起きることはつきものです。そのため、これまでの活用状況を振り返りながら、改めてどんな使い方ができればよいかクラスで共有しましょう。

そうすることで、クラス全員で共通の意識をもってタブレット端末を有効活用できるようになるでしょう。また、保護者にも状況を伝え、学校と家庭で協力してメディアリテラシーを育てていきましょう。

保護者の協力を得る

昨今、家庭でもスマートフォンやタブレット端末のようなメディアを毎日のように利用するため、メディア教育を行う上で、各家庭にも協力をお願いする必要があります。しかし、ここで難しいことは、家庭によってメディアに対する考え方が違うということです。完全に禁止をする家庭もあれば、うまく付き合っていくための手段を一緒に考えていく家庭もあります。

そのため、学校での指導方針を各家庭に伝え、理解してもらえるよう努力する必要があります。将来的には、誰しもがスマートフォンやパソコンなどを活用して仕事を行うかと思います。そのため、小学生のうちから、「正しく活用するにはどうすればよいのか」ということを考えていくことが大切です。正しい使い方をクラスで一緒に模索していくことで、正しいメディアリテラシーを育てていきましょう。

活動の展開

01 これまでの活用を振り返る

これまでのタブレット端末の活用について、よかった活用方法と、失敗した活用方法を右図のワークシートを使って振り返ってみましょう。タブレット端末は便利に使える反面、学齢が低ければ低いほど依存的になってしまうこともあります。自分たちがそういった状態になっていないかを確認しつつ、正しく活用をするという意識をもたせるために、自分たちの活用の状況を振り返っていきましょう。

学校と家とで場面を分けることで、より一層多くのシチュエーションを想定して考えることができます。さらに、家庭での活用方法も教師側が知ることができ、子どもの実態を捉えやすくなります。

02 よい活用方法について話し合う

活用の状況について、クラスで共有しましょう。その上で、「よくない使い方」になってしまっている部分については、「どのようにすればよい活用方法になるか」ということをクラスで相談しましょう。こうすることで、「自分たちの問題は自分たちで解決する」という気持ちを育てることにもなります。

最後に、個々でタブレット端末の使い方の約束を決めさせ、それを保護者に見せてコメントをもらうよう伝えます。家庭ともルールの共有ができ、より一層子どもたちの心にルールを守る気持ちが生まれるかと思います。

▶タブレット端末の使い方 振り返りワークシートの例

タブレットのつかいかた

よいタブレットの　つかいかたを　かんがえよう

ねん　　くみ　　ばんごう

なまえ＿＿＿＿＿＿＿＿＿＿

①タブレットを　どんなことに　つかっているかな？

がっこう		いえ	
よい　つかいかた	よくない　つかいかた	よい　つかいかた	よくない　つかいかた

②これまでの　タブレットのつかいかたを　てんすうにすると　なんてんだろう？

③②のてんすうを　もっとよくするには　どんなことを　きをつければいいかな？

④これまでをふりかえって　タブレットのつかいかたの　やくそくを　きめよう

⑤おうちのひとから　コメントを　もらおう

12月

2学期の成長を認め合おう!

▶12月の目標

いよいよ2学期も終わりに近付いてきました。1年生は4月と比べると、生活面や授業面において別人のように成長しているのではないでしょうか。2学期の成長を振り返り、たくさん褒めてあげましょう。お楽しみ会を開いて頑張りを認め合うこともよいです。また、成長と課題を明確にし、冬休みの過ごし方を考えさせましょう。3学期によいスタートを切るための準備の月でもあります。

12月の学級経営を充実させるために

●個人の成長、学級の成長を認め合おう

2学期のまとめの月ですので、しっかり振り返りを行いましょう。ポイントは「何を頑張ったのか」「どこが成長できたのか」を実感させることです。また、「個人の振り返り」と「学級集団の振り返り」を区別して考えることも大切です。振り返りプリントを使って記述させましょう。

また、教師の口から伝えるメッセージは子どもにとって特別なものです。子どもの成長や学級集団としての成長を具体的に伝えてあげましょう。通知表を渡すときには、一人一人の頑張りを伝えるチャンスです。成長したことや課題を具体的に伝えてあげましょう。学級の成長を確かめるには学級目標の存在が重要となります。学級目標の達成度を見える化することで成長を視覚的に実感することもできます。右ページの実践例を参考にしてみてください。

●冬休みの過ごし方を考えさせよう

冬休みはとても短いです。その短い休みの中でどのようなことができるでしょうか。もちろん、心と身体の休養が一番の目的ですが、新しい年を迎えますので、年賀状などの日本の文化について考えさせることもよいです。また、2学期の頑張りを完全リセットされてはもったいないですよね。振り返りで確認した「成長したこと」をさらに伸ばすためにどのような取り組みができるのか、「課題」を改善するためにどのような努力ができるのか、これらを意識することで3学期の再スタートにつながります。

注意事項

何かと不器用な子どもには、課題ばかりを伝えてしまいがちです。子どもの成長の仕方は様々です。できる子に基準を合わせるのではなく、苦手な子に基準を合わせてみるのも大切です。子どもたち全員に対して平等に頑張りを認めてあげられる教師はみんなから信頼される教師だと思います。

学級目標の達成度を「見える化」しよう

▶ねらい　**学級がどれだけ目標に近付けているのかを視覚的に確かめる**

せっかく掲げた学級目標がただの飾りになっていませんか。学級目標は子どもが目指す道しるべです。学級目標の達成度を見える化することで、今の学級が学級目標の達成にどれだけ近付いているのかを確かめることができます。成果と課題が明確になることで、常に目標をもって行動できるようになります。

活動例

●**学級目標の花を咲かせよう**

① 模造紙などで作った木の幹に学級目標の項目を書く。

② 学級目標に関するよりよい行動が見られたときに、画用紙で作った花を付ける。
※花には「日付・誰が何をしたか」を記入する。

③ 花が満開に咲いたら達成。
※具体的な数を決めてもよいが、数を増やすための活動にならないようにする。

活動後のポイント

学級目標の達成度が見える化されると、達成に向けて自主的に行動しようとする子どもが増えます。教師は、学級のために頑張る子どもをしっかり称賛しましょう。また、友達のよりよい行動を見つけ、自分たちで花を貼るシステムが確立されると、子ども主体の活動になります。

2学期の振り返り

ねらい

２学期の頑張りを振り返り、成長を実感させ、３学期によいスタートが切れるように準備をする。

指導のポイント

２学期は登校日数が多く様々な行事があり、身も心も大きく成長する学期です。ただ、子どもは自分の成長にはなかなか気付けないものです。しっかり頑張りを振り返り、成長を実感させるようにしましょう。

ここでは「キャリアパスポート」の振り返りを紹介します。また、個人の振り返りだけでなく、学級目標の達成度を振り返り、学級集団としての成長を確かめることも大切です。

学級目標を項目化して振り返る

がっきゅうもくひょう	ぶんるい	ぐたいてきな　とりくみ	まだまだ		まあまあ		よくできた
いっしょうけんめいがんばろう	べんきょう・おしごと・ルール	しんけんに いっしょうけんめいがんばろう	1	2	3	4	5
		ていねいにかこう	1	2	3	4	5
		かかりのしごとをわすれずにがんばろう	1	2	3	4	5
		はなすひとのかおをみてはなしをきこう	1	2	3	4	5
		ルール・やくそくをまもろう	1	2	3	4	5
やさしくなかよくみんなをだいじに	こころ・ともだち	げんきよくあいさつをしよう	1	2	3	4	5
		こまっているともだちがいたらたすけよう	1	2	3	4	5
		おともだちのいいところをほめよう	1	2	3	4	5
		せんせいにはなすときていねいなことばではなそう	1	2	3	4	5
いっぱいたべていっぱいあそぼう	けんこう	みんなであそぼう	1	2	3	4	5
		1にち1かいは そとですごそう	1	2	3	4	5
		にがてなたべものにちょうせんしよう	1	2	3	4	5
		のこさずたべよう	1	2	3	4	5

※個人で５段階評価をさせ、クラス全員分の平均値を出し、学級目標の達成度を確かめる。

成長を実感する振り返り

01 成長が実感できる振り返り

キャリアパスポートは、小学校から高等学校までのキャリア教育に関わる活動を振り返り、記録を保管するポートフォリオです。子どもたちが「やりたいこと・なりたいもの」の実現に向けて、今何をすべきかを考える手立てになります。書式は学校ごとに違います。

１年生では「どんなことを一生懸命にやれたか」を自分の言葉で書かせましょう。１年生の頃に、一生懸命になっていたことを記録し、大きくなってから見返すことで当時の気持ちを再確認することができます。

２学期は授業日数が多く様々な行事があります。身も心も大きく成長していることでしょう。自分の頑張りをしっかり記入させ、成長を確かめ合いましょう。

02 教師の言葉かけ

子どもに、大きな成長から些細な成長まで気付かせてあげることも教師の役割です。通知表の配付の時間は、子どもの成長を細かく伝えるチャンスです。通知表に書かれた評価だけでは伝えきれないこともあります。また、◎○△や数字だけの評価にとらわれ、自信をなくしてしまう子どももいます。

教師の言葉は心に残る魔法の言葉です。「僕は、友達に優しくできる力があるんだって」「私は、授業中の話の聞き方が上手なんだって」おうちへ帰った子どもが、自分の成長を自分の口から報告できると、おうちの方も嬉しくなります。課題を伝え克服させることも大切ですが、よさを伝えもっと伸ばそうとすることの方がよりよく生きるために必要なことだと思います。

▶振り返りワークシートの例

1ねんせい（2）がっき もくひょうと ふりかえり！

●を さきにかこう

なまえ

●じぶんの なまえを かこう		がっこうでがんばったこと ふりかえり
		おうちで がんばったこと（おてつだい・ならいごとなど）ふりかえり

どのくらいできたか、○をつけましょう。	よくできた	できた	もう少し
① ともだちとなかよくできましたか。			
② はじめてのことにちゃれんじ しましたか。			
③ わからないことは、しつもんできましたか。			
④ すすんでべんきょうやうんどうをしましたか。			

生活面の振り返り

当番活動・係活動・友達関係・学校のきまりなど、頑張ったことを書かせましょう。

家庭でのお手伝い・睡眠・食事・家庭学習など、生活習慣の振り返りをさせましょう。

2がっきのがくしゅうをふりかえろう

◎こくご・さんすう・せいかつ・おんがく・ずこう・たいいく・どうとく・がっかつ…
どんなことをがんばったかかこう。がんばったとおもうことを 1から3までじゅんばんにかこう。

		どんなことを いっしょうけんめいやったか かこう
1		
2		
3		

◎「こんがっき これをいちばん がんばった！」（べんきょういがいでもいいです。）

◎しゅくだいへのとりくみはどうでしたか。（えらんで○をつけよう）
・わすれずに だしたかな（だした ときどきわすれた つぎはがんばる）
・ていねいに できたかな（いつもできた ときどきできた つぎはがんばる）
◎おうちの人から（両面を読んで、お子様へ一言お願いします）

学習面の振り返り

特に頑張った教科を書かせましょう。一生懸命にやれたことを具体的に書かせると、将来見返した時に、より参考になります。

また、保護者からコメントをもらうことで、子どもの頑張りを共有することができます。

2学期お楽しみ会

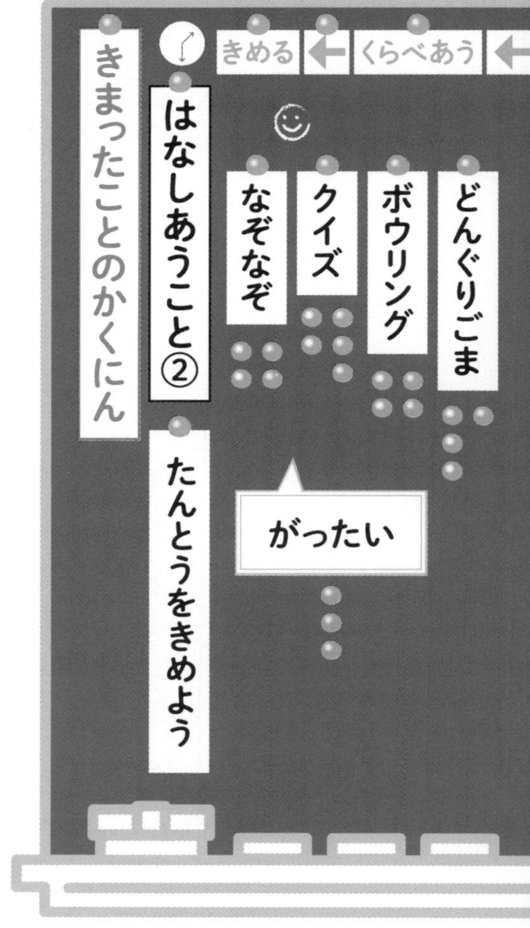

ねらい

楽しい思い出をつくる会を計画し、友達と協力してお店形式の遊びを行うことができる。

指導のポイント

２学期の学級会では、「司会・黒板記録・ノート記録」の役割を少しずつ経験させていきましょう。

２学期のお楽しみ会では、「協力」をテーマにお店形式で遊びの運営をさせてみましょう。まず「協力」とはどのようなことなのか具体的に考えさせることが大切です。同じ遊びグループの友達と協力して準備をし、思い出に残るお楽しみ会にしましょう。

お店形式の遊び例

01 魚釣り

① 画用紙に魚の絵をかく。
② 絵の裏には、難易度に応じて点数を書く。
③ 魚の口にクリップを付ける。
④ 割り箸にタコ糸を付け、タコ糸の先端に磁石を付ける。
⑤ ブルーシートの上に魚を置き、釣って遊ぶ。

02 ペットボトルボウリング

① ペットボトルに、４分の１程度水を入れる。
② ボールを転がしてペットボトルを倒して遊ぶ。
※ボールが危ない場合は、新聞紙を丸め、ガムテープを巻いたボールで行う。

だい9かい　がっきゅうかい

ぎだい

おみせあそびをけいかくしよう

ていあんりゆう

2がっきもおわろうとしていますが、まだぜんいんとなかよくなれていないとおもいます。なので、おたのしみかいをひらいて、たのしいおもいでをつくりたいです。みんなではなしあった「きょうりょく」のしかたをまもって、たのしいおもいでをつくりましょう。また、うまくいけばがっきゅうもくひょうの「なかよしクラス」もたっせいできるとおもい、このぎだいをていあんしました。

「きょうりょく」とは
・ともだちにやさしくすること
・なかまはずれにしないこと
・みんながえがおでいれること

はなしあいのめあて

①ともだちのはなしをしっかりきこう
②「きょうりょく」してできるあそびをかんがえよう

きまっていること

○月○日○じかん目におこなう
きょうしつでできることを4つきめる

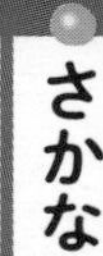

はなしあうこと①

どんなおみせにするか

だしあう

さかなつり

わなげ

まとあて

※黒板上で意見を分類・整理しやすいよう、短冊状の紙に文字を書いて貼っています。

03 的当て（新聞ダーツ）

① ダンボールに様々な形の穴を開ける。穴の難易度に応じて点数を変える。
② 新聞紙を棒状に丸めテープで止める。
③ 新聞紙棒にスズランテープでしっぽを付ける。
④ ダーツのように投げ、穴に入れて遊ぶ。

04 輪投げ

① 新聞紙で輪を作る。
② 水を入れたペットボトルを並べる。距離に応じて点数を変える。
③ 輪を投げてペットボトルに入れて遊ぶ。

1月

2年生の0学期の1月

▸1月の目標

・今のクラスのメンバーで生活する時間はわずかだという意識をもたせ、3月まで素敵なクラスでいようという気持ちをもたせる。
・2年生にどんなことをしてもらってうれしかったのかを振り返り、2年生になることへの意識を高める。

1月の学級経営を充実させるために

● 3月まで素敵なクラスでいようという気持ちをもたせる

1年に1回クラス替えをする学校もあるので、今のクラスのメンバーで生活するのは3月までだということを伝えることも大切です。もちろん、クラス替えのない学校もあると思いますが、担任の先生が代わる場合もあります。子どもたちへは残り50日程度という限られた時間を大切にする気持ちをもたせます。そして、修了式の日に「このクラスでよかった！」と思えるように、みんなで頑張る気持ちを高めていくことが大切です。

● 2年生になることへの意識を高める

約50日後には新しい1年生が入学してきます。今のクラスの子どもたちは「先輩」になるということです。自分たちが入学した時、2年生にどんなことをしてもらってうれしかったのかを振り返ることもあるでしょう。そのときに、今の自分たちは頼もしい2年生になっているのか想像させるとよいでしょう。「もう時間がない」のか「まだまだ時間はある」のか、子どもによって違います。どんな2年生になりたいのか、具体的に想像させながら2年生になることへの意識を高めさせるとよいでしょう。

注意事項

子どもたちにとっては初めての3学期です。1年のまとめの学期であるとともに、新しい学年の0学期でもあります。しかし、1月の時点で授業日は残り50日ほどなので、あっという間に終わってしまいます。ですから、しっかりと気持ちを高めて3学期を過ごしていけるようにすることが大切です。

10秒で10個言ってみよう友達のよいところ

▶ねらい　友達のよいところを見つけようとする態度を育てる

親友と呼べるような友達であっても、よいところを見つけるのはなかなか難しいものです。ほとんどの子どもたちが４個ぐらいしか言えないので、「３学期が終わるまでに10個言えるようにしようね」と投げかけ、３学期をスタートさせるとよいでしょう。

活動例

始業式の学年集会や初日のクラスの時間に行います。やり方は簡単です。仲のよい友達２人にそれぞれ10秒で友達のよいところを10個言ってもらいます。10個言えたら合格です。下のようにペアで進めていき、元気よくやってくれそうな子に頼むとよいです。何人かにやってもらった後、近くの友達と取り組ませましょう。

K：Nさん一緒にやろう。
N：一緒にやろう。私から言うよ。
T：みなさん、準備はいいですか？それでは、スタート！
N：面白い、一緒に遊んでくれる、優しい……。
T：ストップ！
（交代してNさんとKさんの２人が言い終わる）
N：３個しか言えなかった。
K：私も３個しか言えなかったよ。もっとたくさん言えると思った。
N：今度やるときは、たくさん見つけたいね。
T：Nさん、その言葉素敵だね。たくさん見つけていこうね。

活動後のポイント

ここでは、「10個言えなくても大丈夫であることを伝える」「３学期の終わりにもう一度やるので、それまでにお互いのよいところを見つけるように促す」の２つがポイントです。子どもたちに「もっと友達のよいところを見つけたい！」という前向きな気持ちにさせるようにしましょう。

2年生の0学期

ねらい

1・2学期を振り返るとともに、2年生に向けて目標をもつことができる。

指導のポイント

ここでは、2つのポイントがあります。

1つ目は、1・2学期の学習や生活を振り返った上で、3学期の目標を設定することです。

2つ目は、2年生になったらどんな2年生になりたいかという理想像を設定することです。

よりよい目標にしていくために

3学期は次の学年の準備期間として2つの視点で考えることができます。

1つ目は、3学期は学年のまとめであるという視点です。学習面も生活面でもさらに成長できる期間にできるように、1・2学期を振り返り、よりよい3学期にするために何をするのかを考えていきます。また、学校によっては学年毎にクラス替えをします。子どもたちの関わりをさらによりよいものにしていくのもこの3学期です。

2つ目は、次の学年への意識を高めるという視点です。子どもの自主性を尊重しつつ、自主的な活動を促すとともに、達成感をもたせるようにしたいものです。

活動の展開

01 過去のワークシートで振り返ろう

ここでは、改めて1・2学期を振り返ります。1・2学期もワークシートなどを使って振り返りを書いていると思うので、それを使いましょう。

振り返るポイントは次の2点です。1つ目は、1・2学期に立てた目標は達成されたかどうかです。2つ目は、どんなところに自分の成長を感じたかを交流することです。特に、1年生の1学期は字を習ったばかりなので、かなりおぼつかないような字で書く子もいます。字の書き方一つでも子どもたちは自分の成長を感じられるのではないでしょうか。

02 0学期の目標を決めよう

0学期の目標を決めます。ここで、次ページのワークシートを使います。いきなり書かせるのではなく、子どもたち同士の対話を通して、考えを深めた上で書くようにしましょう。手順は次の2つです。

1つ目に、どんな2年生になりたいのかを発表します。「1年生に優しい2年生になりたい」「勉強のできる2年生になりたい」など理想像を共有していきます。

2つ目に、理想像に近付くために、どんな学習や生活をしていけばよいのかを考えさせます。何人かに発表させ、イメージをもたせるとよいでしょう。

▶ ０学期の目標 ワークシートの例

れいわ　○年　○月　日（　　）

２年生の０学き

ここに　しゃしんを　はります。

名まえ
たんじょう日 月　日
すきなこと

こんな２年生になりたいな。

こんなことが　できるようになりたい　・がんばりたい

学しゅう
生かつ（きゅうしょく、そうじ、やすみじかんなど）

3学期の授業

ねらい

子どもたちが主体的になり、授業に積極的に参加できるようにする。

指導のポイント

3学期は、2年生に向けてこれまで学習してきたことの復習をしていく時期です。特に、重要なのが漢字。1年生でマスターすべき漢字は、1年生のうちになるべく身に付けられるようにしていきましょう。なぜなら、漢字は学年が上がるにつれて、どんどん学習すべき漢字の数が増えていくからです。いくつか漢字を楽しく習熟させる例を下で示します。

漢字を習熟させる活動

01 書き順バトル

①隣同士で先に挑戦する人と後から挑戦する人を決めます。先に挑戦する人は立ちます。
②先生が「やま」など漢字の読みを言います。
③先に挑戦する人は、その漢字の書き順を間違えないように、空中に手で大きく書きます。後から挑戦する人は、チェック役。ドリルを見ながら書き順が間違っていないか確認します。
④間違えた場合、その場に座ります。最後まで立って残った人が優勝です。
⑤優勝者が決まったら、今度は役割を入れ替えます。先にやった人がチェックする人になり、同じ流れで書き順チェックをします。
※読みでも同じことができます。

02 言葉集め

漢字一つ一つは書けていても、それがどのように使われているのかを知らなければ、役立ちません。1日1～2文字、その日のお題の漢字を決めて授業冒頭5分程で言葉集めをしましょう。集められた言葉の数を競っても面白いかもしれません。慣れてきたら、3文字の熟語など文字数制限をすると難しくなります。

（例）「上」
上下、上手、上達、上級、上陸、向上、上手　など
※ひらがなやカタカナでも使えます。

1
月

03 文作り

その日のお題を使った漢字が含まれている文を作ります。１文字だと簡単すぎる場合は、２つ、３つとお題の漢字を増やすと難易度が上がります。

真面目な文だけではなく、現実的にはあり得ないような面白い文を書く子がいたら、それを先生が笑って楽しんであげることが盛り上がるコツです。絶対に叱ってはいけません。

（例）「山」「川」「中」「見」
→せんせいが川の中で、山からにげてきたサルを見つけました。

04 漢字カルタ

①画用紙などを切って、カルタができるサイズの紙を大量に作っておきます。
②１つの漢字につき、漢字を書いた札と読みを書いた札の２種類を作ります。
③ある程度の数がそろったら、実際にカルタとして遊ぶことができます。
・読み札を使って、漢字の札を取る。
・漢字の札を見せて、読み札を探す。
※漢字と読みで２通りの遊び方ができます。

川	かわ

優しさ貯金箱

ねらい

身近な人にあたたかい心で接し、優しくすることのよさに気付くことができる。

指導のポイント

単に優しさコインの枚数を多くするということではありません。友達に優しくすると相手がどんな気持ちになるのか、コインを見ながら自分がしてきた親切について振り返ることがポイントです。そして、優しくすることのよさに気付かせることがもう一つのポイントです。

ここでは、優しさ貯金箱を始めて数日経った時に、振り返ることについて紹介します。

優しさ貯金箱とは

優しさ貯金箱は、友達に優しくしてもらったことや、友達に優しくしたことを貯金する箱です。その優しさを見える化したものが「優しさ貯金箱」です。右ページのような貯金箱を用意します。イラストはどんなものでも構いません。イラストの上にコインを貼っていきます。できれば、コインがたくさん貼れるようなイラストがよいと思います。

コインですが、友達に書いてもらう場合には名前を書いてもらいましょう。何が優しかったのかコメントを書いておくスペースが少しでもあるとよいと思います。表の面はのり付けしますので、イラストはなくてもよいです。

活動の展開

01 相手がどんな気持ちになる？

まず、優しくすると相手がどんな気持ちになるのかについて考えます。１年生の３学期になっても、子どもたちはまだまだ相手の立場で物事を考えることは難しい時期でもあります。そこで、もらったコインや自分が貼ったコインを見ながら、相手がどんな表情になるか、どんな気持ちになるかについて話し合うとよいでしょう。

もらったコインのコメントを見たり、コインをくれた友達にインタビューなどをしたりするとよいでしょう。自分が優しくしたことによって、相手がどんな気持ちになるのかを知ることができます。

02 どんないいことがある？

次に、優しくすることのよさについて考えます。コインが貯まっていくと、自分が相手に優しくしたことや、友達から優しくしてもらったことが一目で分かります。ひょっとしたら、貯金箱がいっぱいになって、２つ目の貯金箱になっている子もいるかもしれません。

そこで、子どもたちに「優しくするとどんないいことがあるかな？」と問いかけてみましょう。すると、「自分がすごく優しい人だと思った」「もっと優しくしたいと思った」など、自分が優しくしてきたことについて振り返ることができます。

03 コインをあげる人はどんな人？

コインをたくさんあげた人にも注目させるとよいでしょう。なぜかというと、たくさんコインをあげるために、友達のよいところを見つけているからです。大人もそうですが、人の悪いところはよく見えます。その反面、よいところはなかなか見えづらいものです。クラスには、友達のよいところをなかなか見つけられなくて困っている子もいると思います。

友達のよいところをたくさん見つけている子に、コツを教えてもらう機会をつくるのもよいでしょう。

04 みんなのコインを増やすには？

クラスには、自分のコインを増やしたり、仲の良い友達のコインを増やしたりすることに注目している子もいます。そこで、コインをもらえる人が増えてきたら、「クラスのみんなのコインを増やすにはどうしたらいい？」と問いかけてみましょう。すると、子どもたちはクラスのみんなのことを考えるようになります。

自分たちだけでなく、クラス全体に目を向けて、さらに優しいクラスになるように考えていくことが大切です。子どもたちからアイデアを集めて取り組んでいきましょう。

JANUARY

1

4月 5月 6月 7月 8月 9月 10月 11月 12月 1月 2月 3月

自主学習

ねらい

子どもが家庭でも学びを追究していく姿勢を培う。

指導のポイント

自主学習は1年生には早いのではないかという意見があります。しかし、これまで私が取り組んできた体感としては逆です。1年生はすぐに自主学習に慣れて、むしろとても質の高い自主学習が提出されます。1年生のうちから与えられた課題（宿題）をこなすだけではなく、自分で何をやるのかを選択し、追究していくのを習慣化することは非常に大切なことです。

自習学習メニュー表の例

じしゅがくしゅうメニューひょう

おすすめバッチリメニュー

- きょうのじゅぎょうのふくしゅう
- かんじ
- かんじのことばあつめ
- かんじのぶんあつめ
- いみしらべ
- こくごのおんどく
- いえでやっているもんだいしゅう
- テストのまちがいなおし
- テストにむけて
- さんすうのけいさんれんしゅう
- さんすうのぶんしょうだいづくり（しきとこたえも）
- しやものがたりやきょうかしょのぶんをうつす

おすすめワクワクメニュー

- ものがたりづくり
- にっき
- うそうそにっき
- せんせいかんさつにっき
- うれしかったことベスト3
- はいく（五・七・五）
- すてきなともだちしょうかい
- かぞくのしょうかい（ペットも）
- すきなものしょうかい
- ぎょうじのふりかえり
- とうばんのれんらく
- おすすめのほんのしょうかい
- にほんちずしらべ
- せかいちずしらべ
- れきしのじんぶつしらべ
- こっきしらべ
- しんぶんのきじにコメント
- ニュースについておもうこと
- しょくぶつしらべ
- せいざかんさつ
- みじかなハテナさがし
- おりょうりしらべとちょうり
- ずかんしらべ
- ピアノのれんしゅうときょうのポイント
- ことわざまんが
- おてつだい（やったことときづいたこと）
- じぶんのサインづくり
- キャラクターづくり
- なわとび（メニューとかいすう）
- こうさく（つくりかたとかんせいしゃしん）
- しゃしんでしょうかい（しゃしんでいろいろなものをしょうかいしてみよう）

活動の展開

01 自主学習の目的

学びは学校だけで行うものではありません。常に学び続けていく姿勢は、急速に変化していくこれからの時代、欠かせないものです。そして、自分が好きなことを選んで、それを追究していくことこそが本来の学びの姿であるはずです。それが、先生から与えられることに慣れてくると、常に先生が何か出してくれることを求めてきます。それではいけません。

一方で、自主学習に対して、「1年生には無理なのではないか」という不安が保護者にありますので、丁寧な説明は必要です。授業参観の1コマで上記のような説明をしながら、一度自主学習を親子でやってみるのも一つの方法です。

自主学習で大切なのは、自分が好きなことを追究することです。ですから、絶対に保護者が強制することがないようにお願いをしておきましょう。自主学習に不安を抱える保護者に安心してもらうために、最初は先生が作ったプリントなどを配ってもよいです。徐々に自分で取り組めるようにしていきましょう。

また、何でもいいと言っても、昆虫など本当に好きなことばかりでは心配という声も実際にあるでしょう。ですから、自主学習には大きく2つ。「バッチリメニュー」と「ワクワクメニュー」という2種類のものを作っておきました。

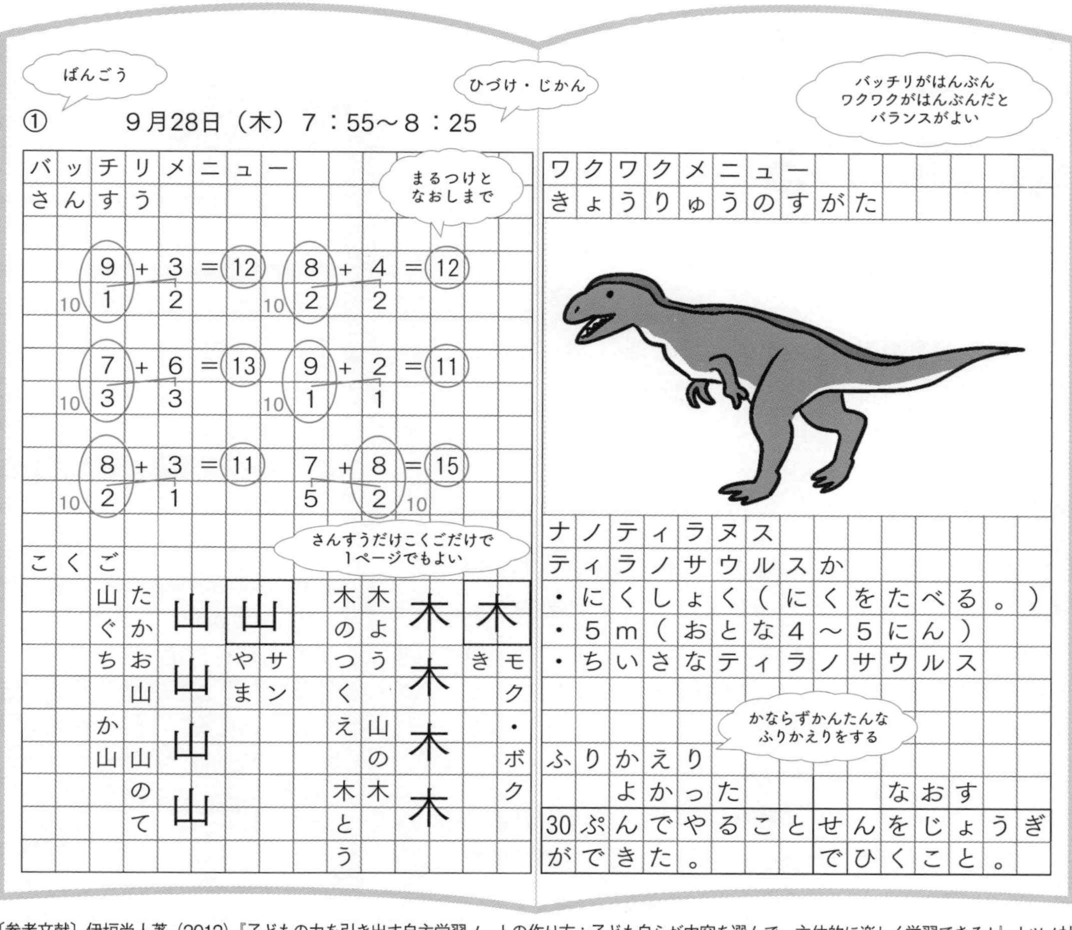

〔参考文献〕伊垣尚人著（2012）『子どもの力を引き出す自主学習ノートの作り方：子ども自らが内容を選んで、主体的に楽しく学習できる！』ナツメ社

02 バッチリメニュー

バッチリメニューは、「算数」「国語」など学校の時間割にある教科の枠から選んだ学習です。最初は、ドリルや漢字など何をするのかを考えなくてもよいものをやる子が多いです。しかし、しばらくすると、授業でやったことを発展させてくる子が出てきます。

例えば、算数で三角形を学んだら、四角形の場合ではどうなるかを調べてきます。国語で詩を学習したら、自分でオリジナルの詩を作ってきます。授業をもう一度自分なりに再構成してまとめ直す子も生まれてきます。そういった子を積極的に紹介し、授業を深めていけるようなバッチリメニューに移行できるように支援します。

03 ワクワクメニュー

ワクワクメニューは、自由研究のようなものです。つまり、自分が好きなものなら何でも書いてよいのです。制限はありません。ゲームでもスポーツでもアニメについてでも、虫についてでも、駄目なものはありません。自分の好きなことを追究することはとても楽しいはずです。これも遊びのように見えて、実は大きな力になっているのです。

ただ、中には好きなことをやってよいと言われても何をやってよいのか分からない子がいます。その子たちのために自主学習メニュー表を作っています。メニュー表や仲間の自主学習を見ながら、徐々に自分オリジナルになっていくことを期待しています。

生活習慣を改善する

1月17日　めあて

つかむ　アンケートのけっか

みんなにあいさつをしていますか

ともだち	22人／30人
2～6年生	20人／30人
先生	30人／30人
ちいきの人	18人／30人

どのようにあいさつされるとうれしいですか。

・げんきよく　・えがお
・きもちをこめて

みんなに「きもちのよいあいさつ」ができていない。

ねらい

子どもに自分の生活習慣を見直させ、話し合い活動を通して自分に合った課題解決策を意思決定させることができる。

指導のポイント

学級活動(2)の話し合い活動です（小学校学習指導要領解説、平成29年告示、特別活動編）。子どもに改善させたい生活習慣についてアンケートをとり、アンケート結果から課題に気付かせます。課題が起こる原因をさぐり、解決方法を話し合います。友達の生活経験やよりよい考えを参考にしながら解決策を見つけていきます。最後に自分が何をどのように努力していくのかを意思決定することで生活習慣の改善を図ります。集団目標ではなく、個人目標だということを間違えないようにしましょう。

指導の展開

01 課題を「つかむ」

「あいさつ・言葉遣い・整理整頓・忘れ物」など、改善させたい生活習慣はたくさんありますよね。教師が「～しなさい」と指導すれば、一時的に改善されるとは思います。しかし、「先生に怒られるからやる」といった、本質的な改善には至っていないことが多いです。

今回の学級活動では、教師が改善させたい課題を「子どもに気付かせる」ことが重要な要素となります。

①必要なアンケートをとること
②アンケート結果を示すこと
　→グラフ化すると分かりやすい
③実際の課題動画を見せること
自分たちの生活習慣を客観視することで、課題に気付きやすくなります。

02 原因を「さぐる」

「さぐる」では、課題が起こる原因を分析したり、解決する必要性をさぐったりしていきます。今回の題材の場合、「6年生のあいさつ動画を見る」ことで、自分たちのあいさつと何が違うのかを比べさせます。憧れの6年生の姿に「自分もこうなりたい」と思うでしょう。

「きもちのよいあいさつをするためにきをつけることをきめよう」

さぐる　きもちのよいあいさつとは…

6年生のあいさつのしかた

・じぶんからすすんであいさつしている。
・目をあわせようとしている。
・えがおであかるかった。
・大きなこえでよくきこえた。

見つける　きをつけるポイントは?

あいさつをされるまえにしたほうがよい。

目をあわせなかったり、こえが小さかったりするときもちがつたわりづらい。

えがおであかるいあいさつはうれしくなる。

いまここ

きめる　これからがんばること

先生にはあいさつしていたけれど、ともだちにはできていなかったので、ともだちにもじぶんからすすんであいさつする。

目をあわせてあいさつするのは、すこしはずかしいけれど、きもちがつたわるように、がんばって目をあわせてあいさつする。

これからも、げんきいっぱいにあいさつする。

※黒板上で意見を分類・整理しやすいよう、短冊状の紙に文字を書いて貼っています。

1月

03 解決方法を「見つける」

「見つける」では、課題の解決方法を話し合い、見つけていきます。ここでは、子どもの生活経験や豊かな発想を生かして、様々な解決案を出し合いましょう。グループで相談して意見をまとめる方法も有効です。教師は、子どもの主体的な活動を手助けしていきましょう。必要な情報を提供したり、特別講師を依頼したりすることもよいです。

「見つける」で出された解決方法を実際にやってみましょう。まずはみんなで確かめ合い、自分に合った解決方法を見つけさせましょう。急に明日から実践だと不安になる子どももいますが、ここで練習しておくと不安も軽減され主体性も高まります。

04 個人目標を「決める」

自分に合わない、実現が難しい目標を立てる子どもには声かけをしましょう。

目標を立てたら定期的に振り返り、決めた目標が実践できているか確かめましょう。また、主体的に実践できている子どもは、積極的に称賛しましょう。

2月 学年末・進級に向けて子どもたちが成長を実感するために

▶２月の目標

１年生としての学校生活も終わりが近付いてきました。進級を見据えながら学級経営をする必要があります。子どもたちが、３月の終わりに「こんなことができるようになった」「協力して○○できた」「自分は○○が得意になった」など自分自身の成長を実感することができるように計画的に指導を進めていきましょう。

２月の学級経営を充実させるために

●成長を実感できるように

いよいよ２年生になる日が近付いてきました。子どもたちは４月に比べてどのように成長したでしょうか？　まず、改めて一人一人に目を向け、実態把握に努めることが大切です。「学習の準備がしっかりできているな」「○○の単元については、復習が必要だな」など具体的に実態把握に努めるとともに、指導・支援の振り返りをします。朝の準備は、教師が声をかけなくてもできるようになっているでしょうか？　当番や係の活動には、友達と声をかけ合って取り組めているでしょうか？　教師の指導から少しずつ離れ、自分でできることや友達と協力してできることが増えているはずです。

子どもたちへの声かけも忘れてはいけません。教師から「○○が上手にできているね」などと声をかけることで、子どもたちが自身の成長を日々の中で実感する機会を大切にしましょう。

●２年生進級への見通しをもって

４月からいろいろなことがあった１年間も残り少しです。この時期には特に、見通しをもった指導・支援が大切です。学校生活の基礎・基本の定着を改めて確認しながら、子どもたちがこれまでに培った力を生かして、その成長を実感することができるようにしていきます。例えば、「６年生を送る会」では、４月に出会い、様々な場面で優しく助けてもらったことを思い出しながら、「どうしたら『ありがとう』が伝わるだろうか？」とみんなで考えます。学級では、３月に「１年○組卒業式」を行うのもよいでしょう。アイデアを出し合い、お互いに成長できたことを確かめ合ったり喜び合ったりしたいものです。２～３月の取り組みを通して、どんな２年生になりたいかというイメージをだんだんともつことができるようにしていきます。

注意事項

この時期には、感染症予防にも留意する必要があります。手洗いをすること、ハンカチ・ティッシュを毎日持ってくることを指導しましょう。換気や加湿も大切です。感染症予防をしながらでも楽しめるレクを紹介するのもよいでしょう。学校全体の感染症予防対策について確認すること、文部科学省や都道府県・市区町村からの情報を確認することも必要です。

6年生に「ありがとう」を伝えよう

▶ねらい　「6年生を送る会」で感謝の思いを伝え、さらなる成長につなげる

もうすぐ卒業する6年生に向けて「ありがとう」を伝える大切な機会が「6年生を送る会」です。まずは、行事のめあてをしっかり確認しましょう。めあてに向けて、子どもたちが思いをもって活動する中で様々な問題も起こるでしょう。そんなときこそ学級がさらに成長するチャンスです。

活動例：計画的に準備して感謝を伝えよう

送る会当日までの流れ

①　6年生との思い出を振り返ろう

「入学したばかりの時に朝の準備を手伝ってくれた」「休み時間に一緒に遊んでくれた」その他にも、登校班や縦割り活動など様々な場面を取り上げながら、具体的にどのように6年生と関わってきたかを振り返ります。その際に、写真を見ながら思い出すと意欲が高まるでしょう。

②　感謝の気持ちを伝える方法を考える

各教科・領域で子どもたちは、様々なことを学びました。日常の中での学びを生かして、どのような方法で感謝を伝えるかを考えます。

③　話し合いをして内容を決める

学級会を開いて6年生を送る会での活動を決めます。行事のめあてを意識して話し合うことができるように指導しましょう。例えば、オンラインで教室と会場をつないで出し物をするなど、情報機器を活用したアイデアも考えられます。

④　練習をする

限られた時間の中で、継続的に練習をしましょう。朝の会や帰りの会で少しずつ練習するのも有効でしょう。

活動後のポイント

一連の活動を「自分のこと」「友達のこと」「学級のこと」など視点をもって振り返りましょう。事前指導や普段の練習の際の記録を書きためておいてそれを読んだり、活動の写真を見たりすると、振り返りがより具体的なものとなり、普段の生活に生かすことができるようになります。

感染症・寒さ対策

ねらい

寒い時期も健康に過ごす意識をもたせる。

指導のポイント

菌やウイルスなどのように、目に見えないものから身を守るということは子どもにとって実感が湧きにくいものであります。そのため、まず感染症に対する正しい知識をもたせます。「みんなで学ぶ大切な場所をみんなで守ろう」という気持ちをもち、全員で協力をして感染症対策を行うことがポイントです。

また、屋内と外で寒暖差が激しくなるため、体温調節をしやすい服装を選ぶということも併せて伝えていくとよいです。

感染症について

冬はインフルエンザなど、多くの感染症が流行りやすくなります。これは、気温と湿度が下がるため、低温・低湿度を好むウイルスが長く生存し、感染力が強くなることが原因と言われています。また、暖房機器をつけることで、部屋の湿度が下がり、ウイルスが活動しやすくなってしまいます。

それに加え、学校は多くの子が集団生活を送っている場なので、こういった感染が拡がりやすい環境といえます。クラスで感染症が流行ってしまうと、学級閉鎖になり、授業進度やクラスの雰囲気にも影響が出てしまいます。そのため、正しい対策を学び実践をすることで、感染拡大を防ぐことが大切になります。先生側も、教室の換気をこまめに行ったり、加湿器を用意して教室の乾燥に気を遣ったりして、感染症予防を心がけましょう。

指導の留意点

01 寒い時期に気を付けること

「寒い時期に元気に過ごすにはどうすればよいか」を考えることを伝えます。また、多くの子が体調を崩すと「学級閉鎖」になり、学校に登校できなくなることを伝え、「みんなで学ぶ大切な場所を守ろう」という意識をもたせてから話を始めるとよいです。

02 子どもたちから意見を聞く

子どもの意見から具体的にどうするか共有しましょう。手洗いであれば「石けんをつけて30秒以上よくこすり、流れる水で洗い流す」ことがポイントです。「雪」(「雪やこんこ……」で始まる歌)を2番まで歌うとちょうど30秒程度なので、歌を歌いながら手を洗おうと決めてみてもよいです。

2
月

03 外と中で着るものを変える

暖房の影響で外の気温と、教室の気温に大きな差があります。そのため、着脱しやすい服を着るように伝えましょう。また、脱いだ服をかけられるようにハンガーを用意するように伝えることも大切です。また、外に出るときは上着を着るようにも伝えます。

04 咳エチケットとマスクの着用

マスクの着用には感染予防に一定の効果があります。また、咳エチケットを守ることで、周囲への感染の予防にもつながります。咳をするときは、口や鼻をティッシュやハンカチ、袖などで覆うよう伝えましょう。また、マスクの正しい着用方法も伝えるとよいです。

6年生を送る会

ねらい

お世話になった6年生に感謝の気持ちを伝える出し物を考えることができる。

指導のポイント

1年を通して、6年生には様々な場面でお世話になったと思います。「6年生を送る会」は、そんな6年生に感謝の気持ちを伝える会です。1年生には、お世話になったことを思い出させ、感謝の気持ちを表現できるようにさせましょう。1年生の実態を考えると、内容の提案や構成の組み立てを最初から最後まで任せることは難しいです。その中で子ども主体の活動になるように指導していくことが求められます。

主体的な活動を目指して

1年生の出し物は「先生が考えたことを子どもにやらせる活動」になりやすいです。決してそれが悪いわけではなく、大事なことは、「子どもが主体的にその活動に取り組んでいるか」です。活動の目的や考えた教師の思いをしっかり子どもに伝えましょう。練習から進んで取り組めるように、気持ちを高めていきましょう。

また、教師のサポート次第では、教師が考えた内容を子どもが考えたように導くことも可能です。まずは全員に「どのようなことがしたいか」アンケートをとりましょう。教師が用意していた内容と同じ意見が書かれていた場合は、子どもが考えた内容として紹介すると、子どもも自信をもって参加できます。中には、大人が思いつかない柔軟な発想も見つかるはずです。教師が用意していた内容に、子どもらしいアイデアを合わせることで、よりよい出し物になるでしょう。

出し物の例

01 感謝の呼びかけ

学校生活の中で、6年生に優しくしてもらったことや頼もしかったことを思い出させ、呼びかけましょう。「個人・小グループ・各クラス・学年全体」での呼びかけが考えられます。画用紙にメッセージや絵をかいて、見せながら呼びかけるのもよいです。

02 応援合戦

1年生が応援団になり、運動会の応援合戦のように応援をします。応援団長の子どもが衣装を着ると雰囲気が出ますね。「中学校へはばたく6年生に向けて、感謝の気持ちを込めてエールを送るー!」「フレー!フレー!6年生!」 など。

03 学校生活パロディ

1年生がこの1年間で過ごした学校生活をパロディします。6年生に優しくしてもらった様子や委員会で頑張る6年生の姿をパロディするとよいです。

登下校の様子・朝の放送・運動会などの行事・給食の放送・休み時間・そうじの時間・各委員会の様子など。

04 合唱

気持ちの込もった合唱は、思いを届ける有効な手段です。かわいらしい1年生が真剣な表情で合唱したら、とても感動しますね。歌詞に感謝や応援の意味が込められた曲にするとよいです。

昔遊び

ねらい

遊びの上達のために、友達と教え合ったり、遊び方の工夫のためにアイデアを出し合ったりすることができる。

指導のポイント

１年生での生活科の学習で昔遊びをします。地域の方に教えてもらったり、外国の方に日本のことを教えたりするなど、人との関わりにおいて、昔遊びについて学んでいきます。

ここでは、遊びの上達のために、友達と教え合ったり、アイデアを出し合ったりすることについて紹介します。指導のポイントとしては、上達するコツを子どもから引き出すことです。

ICTも活用しよう

ICT機器を使うと、子どもたちがコツをつかみやすくなります。例えば、地域の方が説明している様子や、上手な子の動きを動画に撮るという方法です。また、Youtubeなどを見て、遊び方の工夫を見つけるのもよいでしょう。

動画を使うと、次のような利点があります。

・何度も繰り返し見ることができること
・必要な所だけを見ることができること
・自分のやっていることを確認できること
・いつでも、どこでも見られること

昔遊びに最新の機器を使うのは何とも興味深いですね。使い方はこれまでに指導してきているので、子どもたちはICT機器を使いながら遊び方のコツを見つけてくれるはずです。

活動の展開

01 今日は何をしたいかを確認する

最初に、今日の授業で子どもたちが何をしたいのかを確認します。例えば、２～３人に個人の目標を発表させます。また、目標を達成するために、どんなことに取り組むのかも聞いてみましょう。

02 うまくなれるコツを見つける

安全面も留意しながら、子どもたちの取り組みを見ていきます。もし、けん玉がうまくできずに困っている子を見かけたら、先生が遊び方を教えるのではありません。上手にやっている子を紹介してあげましょう。

03 上手な取り組みを紹介する

さらに、子どもたちの様子を見ていると、うまくいくコツを動画で確認している子がいました。こういう姿は先生が動画に撮るなどして、他の子どもたちにも紹介していきましょう。自分たち自身で学んでいく機会にもつながります。

04 できたよ！を大切にする

友達からのアドバイスを聞き、自分で動画を何度も確認しながら、うまくコツをつかむ子もいます。授業の終わりに、どんなコツを見つけたのか、どうやったらそのコツに気付くことができたのかを共有させましょう。

ICTを活用した学級経営

ねらい

ICT機器を活用して、学級を盛り上げる。

指導のポイント

ICT機器を利用すると、これまで時間がかかっていたことを短時間で行うことができるようになります。専用の機器が必要だった動画編集もタブレット端末を使えば簡単にできますし、話し合いや学び合いなど、意見の共有をする際にも、提出箱を作り提出してもらえば、全員がすぐに確認することができます。

ICT機器を活用することで、これまでの学級経営や授業をパワーアップしてくれるという意識をもつとよいと思います。

利用しているアプリケーション

ロイロノート・スクール

PDFの教材を配布したり、回答を送ってもらったり、アンケートをとってグラフ化したりと、どんな授業にでも活用できるツールになっています。また、思考ツールのテンプレートが搭載されており、思考の可視化にも一役買います。

Zoom Cloud meetings

オンラインミーティングアプリです。操作も簡単で、場所とデバイスを問わずオンラインミーティングに参加でき、万が一の学級閉鎖時もオンライン授業の対応が可能になります。

まなびポケット

NTTコミュニケーションズ株式会社が無料提供するアプリケーションで、コミュニケーションを取ることが主体となるものです。保護者への連絡をすることや、子どもたち同士で情報交換などを行うことができます。欠席した子へのフォローや連絡などもこれで完結します。

活動の展開

01 ICT機器を使ったクラスレク

オンライン授業時は、友人とコミュニケーションがなかなか取れません。そのため、オンラインならではの遊びをしてみましょう。

オンラインミーティング鬼ごっこ

①鬼役４人に１人１枚カードを持たせる。４枚をつなげて読むと言葉になるようにする。読む順はカードに書いておく。

②自由に出入りが可能なブレイクアウトルームを作成する。

③鬼役の人は数字と文字が書いてあるカードを持ち、そのカードをカメラに写した状態で、部屋を移動して逃げる。

④４人の鬼を見つけ出し、答えとなる言葉を先生に伝えた人が勝ち。

02 アプリケーションの活用

クラス紹介ムービー作り

iPadに標準インストールされているiMovieというアプリケーションを使えば、簡単に動画を作成することができます。

特に、「予告編」という機能はテンプレートに当てはめていくだけで、映画の予告編のような映像を作成することができます。班ごとに、10秒程度の「クラスを紹介する動画」を撮影してもらい先生に提出してもらいます。その提出してもらった映像を先生がiMovieを利用してつなぎ合わせて、クラス紹介ムービーを作成します。

また、行事にあわせてこういった動画を作成してみてもよいかもしれません。

▶アプリケーションを活用した活動例

クリスマスツリーを飾りつけよう

ロイロノートには、「共有ノート」（試作版）と呼ばれる、同時に編集できるノートがあります。誰がどこを変更しているのか、リアルタイムで反映され、文字や絵をかくこともできます。

そこに、大きなもみの木の画像を１枚用意しておきます。子どもたちはそこに画像を付け加えたり、絵をかいたりします。貼り付けるオーナメントなどは事前に用意して子どもたちに送信しておくとよいでしょう。好きな飾りをみんなでつけることで、クラスオリジナルのツリーが完成します。七夕の時期には、笹の画像を用意して、短冊を飾るということも楽しいかもしれません。

※共有ノートは、設定の「試験中の機能」から利用できます。（2023年２月現在）

まなびポケットを使って学び合い

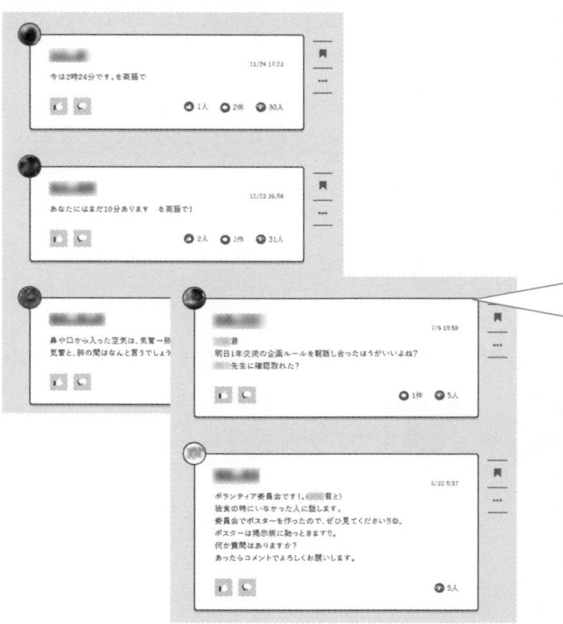

まなびポケットには、チャンネル機能という、子どもたちが自由に投稿できる掲示板のシステムがあります。ここに「学び合い」というチャンネルや「話し合い」というチャンネルを作っておくことで、オンライン上でも授業の復習問題をお互いに出し合ったり、クラスで話し合ったりすることができます。

また、普段手を挙げて発言をしづらい子も、オンライン上だったら書くことができるといったように、発言のハードルを下げるというメリットもあります。

3月

2年生につなげる3月

▶ 3月の目標

1年生にとって初めての学年の変わり目です。そのため、3月は「2年生でも大丈夫！」という自信をもたせることと「1年生で大きく成長ができた！」という意識をもたせることを心がけます。そうすれば、2年生になってよいスタートを切ってくれるようになるのではないかと思います。

自信をもたせて次年度へ！

● 1年生での成長を振り返って、2年生へとつなげる

1年生が1年間で遂げる成長は、大人には計り知れないほどのものです。4月を振り返ってみると、今では当たり前のようにできる体育着の着替えや歩き方など……基本的な生活を学んでいました。そんな1年生たちも3月になると、クラスのことを考えて行動をしたり、自分で判断して行動しようとしたりしています。ですが、自分自身のそういった変化には気付きにくいものです。そのため、4月のときはどのような様子だったのか、何を学んできたのかといったことを振り返ってみることで、自分たちの成長に目を向けることができるようになります。

● 2年生への不安を解消する

学校にもよりますが、2年生になると新しい担任の先生と出会ったり、クラス替えがあったりして、環境が大きく変わります。環境の変化に不安はつきものです。1年生であれば、こういった経験も初体験です。必要以上に不安に感じてしまう子も出てくるかと思います。そんなときは、「1年生で頑張ることができたから、2年生でも同じように頑張れる」というメッセージを送るのが大切です。そのためには、4月の頃にできなかったけれど、今はできるようになったことはどんなことか、クラスで共有して、たくさんの成長に目を向けるとよいでしょう。

注意事項

1年間一緒に過ごしたのですから、子どもたちに対して愛着を強くもちがちです。ですが、次の学年になるにあたって「1年生の頃はよかった」という気持ちを子どもたちがもつようだと、大きな成長はなくなってしまいます。「もう先生がいなくても2年生でも大丈夫だね」という声かけをして、見送ってあげましょう。

思い出貯金・この1年で一番〇〇だったことランキング

▶ねらい　思い出や成長を形にする

１年間の出来事をクラス全員で振り返って、思い出や成長を可視化しましょう。そうすることで、２年生になってからも自分たちはもっと成長ができるという気持ちをもたせることができます。

活動例

●思い出貯金

クラスに「楽しかったこと」や「嬉しかったこと」などがあったときにその気持ちなどを書いて投函できるポストを用意しておきます。そこに、日常的に、嬉しいことがあったときや行事の終わったあとなどに、子どもたちに投函してもらいます。以前これを実践していたときは「日付」「何があったか」「そのときの気持ち」「どんな成長があった」といった項目をつくって投函してもらいました。

はじめのうちは、先生も一緒に書いていくと、子どもたちに習慣付いて、投函が増えていくと思います。また、行事が終わったあとなどにも、「もしよかったら今の気持ちを投函しておいてね」といった声かけをすると、投函する回数も増えて開封するときがより楽しみになります。そうして貯めてきた思い出を、３月の帰りの会などで何通か開封していきます。そうすると以前の自分たちの様子と、そのときからの成長を強く感じることができると思います。

●この１年で一番〇〇だったことランキング

先生がお題を出して、それに対して班のみんなで相談して１つのエピソードを選ぶという遊びです。例えば、「一番楽しかったこと」「一番成長できたと思うところ」「一番思い出深いこと」といったクラスみんながそろってよかったなと思うエピソードが出てくるお題を選びます。班で相談をしているうちに、「こんなこともあった！」といった思い出を振り返ることができます。選んだら順番に発表をしてもらいながら、どうしてそれを選んだのか理由を話してもらいます。理由もあわせて言うことで、自分たちのどういった部分が成長しているのかより焦点化することができます。

活動後のポイント

自分自身の成長は見取りづらいのと同時に、普段一緒に過ごしているからこそ、担任の教師も子どもたちの小さな変化は見落としがちです。上記の活動を通して、子どもたちの４月からの成長を教師側もしっかりと見取っていきながら、それを子どもたちに伝えていくようにしましょう。

1年間の振り返り

▶ねらい

・１年間の成長と思い出を振り返る。
・思い出を可視化し、自分の成長を自覚する。
・自分が成長するまでにどんな出来事があったのか振り返る。

▶指導のポイント

１年間の思い出を振り返る際に、何かを作りながら振り返ると、子どもたちも楽しみながら振り返ることができます。例えばすごろくや新聞、絵本、劇などを作ってみてもよいかもしれません。個人で作ってもよいですが、協同して作ると、作成しながら友達と思い出を一緒に振り返ることができます。ここでは、「すごろく」を作成した実践について紹介したいと思います。

活動の展開

01 思い出を振り返ろう

まずは、季節ごとにあった出来事で「イメージマップ」を作成します。例えば「春」なら「入学式」「初めての授業」「運動会」などです。そのイメージマップの中から特に印象深かったことをすごろくの「イベント」のマスにします。そうすると、大きなイベントのマスが春夏秋冬で合計４つになります。

今度は、PMIを使って、その思い出をもう少し細かく思い出していきます。「よかった出来事（前に進むマス）」「よくなかった出来事（後ろに戻るマス）」「思い出深いこと・できるようになったこと」の３つに分けて、箇条書きでよいので、項目を出しましょう。

02 思い出すごろくを作ろう

「スタート」と「ゴール」と「４つの大きなイベントのマス」だけを印刷したワークシートを用意しておきます。４つの大きなマスには前述した季節ごとに選んだ思い出の中心となることを書きます。その周りのマス目は、PMIで書いた出来事などを自分たちで書き込んでいきます。

完成したら、周りの友達と一緒に遊んでいきましょう。イベントのあるマスに止まったときに、「どんなことがあったのか」ということを実際に話してもらうというルールを設けると、より盛り上がるかもしれません。

思い出振り返りの作品例

イメージマップ・PMI

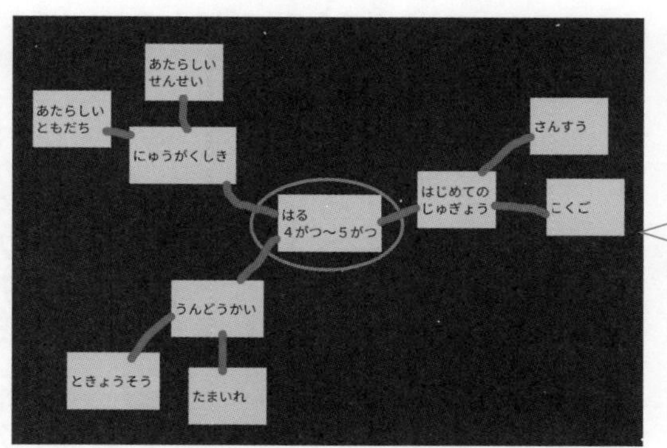

左図は、イメージマップの例です。春夏秋冬の４つに分けてイメージマップを作ります。それぞれの季節で体験したことを思い出させ、自分の成長を感じさせていきましょう。

右図はPMIの例です。PMIは本来「いいところ（Plus）」「ダメなところ（Minus）」「興味をもつこと・おもしろいところ（Interesting）」の３つの項目が用意されますが、今回は思い出を振り返ることが目的なので、「I」の部分を「思い出深いこと」と「できるようになったこと」に変えています。

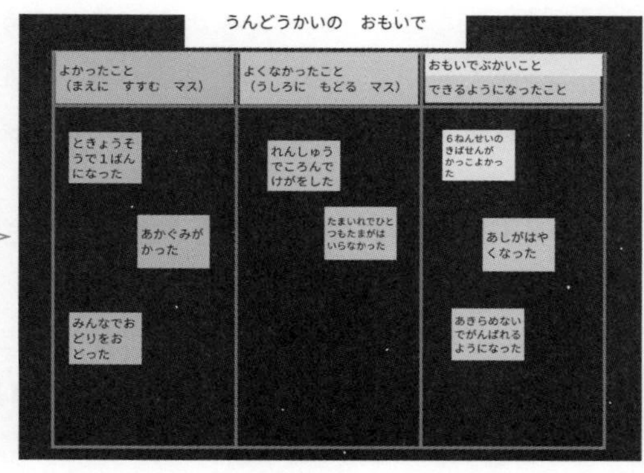

思い出すごろく

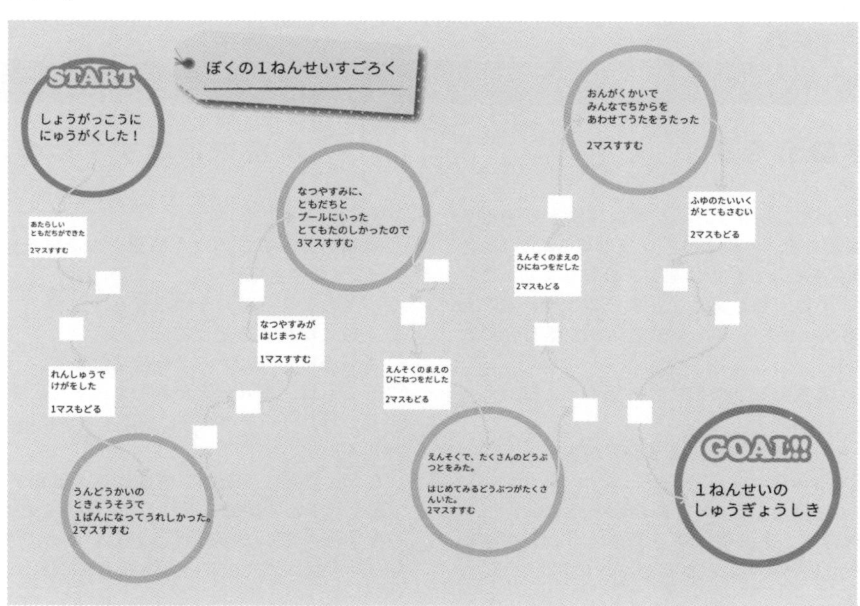

3月

3学期お楽しみ会

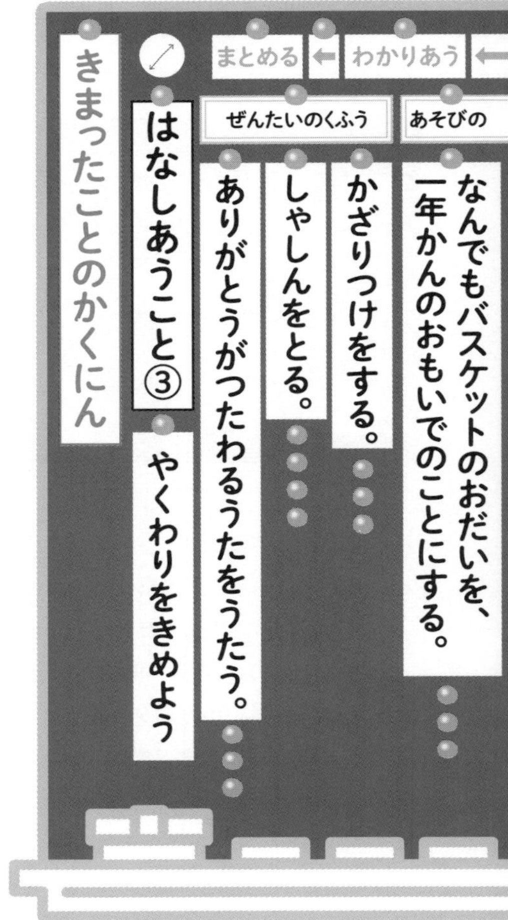

ねらい

1年間の頑張りを認め合う会を計画し、絆をさらに強めることができる。

指導のポイント

3学期は、なるべく自分たちの力で学級会が成立するように指導していきましょう。学級会カードを活用し、自分の意見を事前に書いておくことで円滑な話し合いになります。

お楽しみ会を行う際は、ただの遊びにならないよう「めあて」や「役割」を与えましょう。今回は「ありがとう会」なので、「ありがとうを伝え合う」というめあてが与えられます。また、遊びの担当や飾り付けなど、一人一人に役割を与えるとよいです。

活動の展開

01 学級会を開く

1年間の振り返りを行うと、友達に感謝する子どもがたくさん現れます。そのような考えをもとに、「1年間ありがとう会をしよう」の学級会を計画しましょう。

「提案理由」では、会を開くことでどのようになりたいのかを説明させましょう。その思いが、話し合いの条件になります。

例：「みんなにありがとうの気持ちを伝えて、絆をもっと強めたい」

条件
・ありがとうの気持ちを伝えられる内容
・絆が強まる内容

「話し合いのめあて」には、「ありがとうの気持ちを伝い合える内容や工夫を考えよう」のように、提案理由の思いを分かりやすくまとめるとよいです。

02 年度末におすすめの活動①

お手紙探し

① 学級のみんなに向けた感謝のお手紙を全員に書かせる。（絵でも可）
② 一度お手紙（絵）を回収する。
③ 手紙には番号を記しておく。
④ 番号の書かれたカードを教室に隠す。
⑤ 子どもは、番号の書かれたカードを探す。
⑥ 見つけたカードの番号に対応する手紙と交換できる。

注意点

どうしても、手紙の完成度に差が出ます。「一生懸命に書く」ことを指導しましょう。書くことが苦手でも、一生懸命に書いた手紙はうれしいものです。また、もらった手紙は、大切に持ち帰るように指示しましょう。

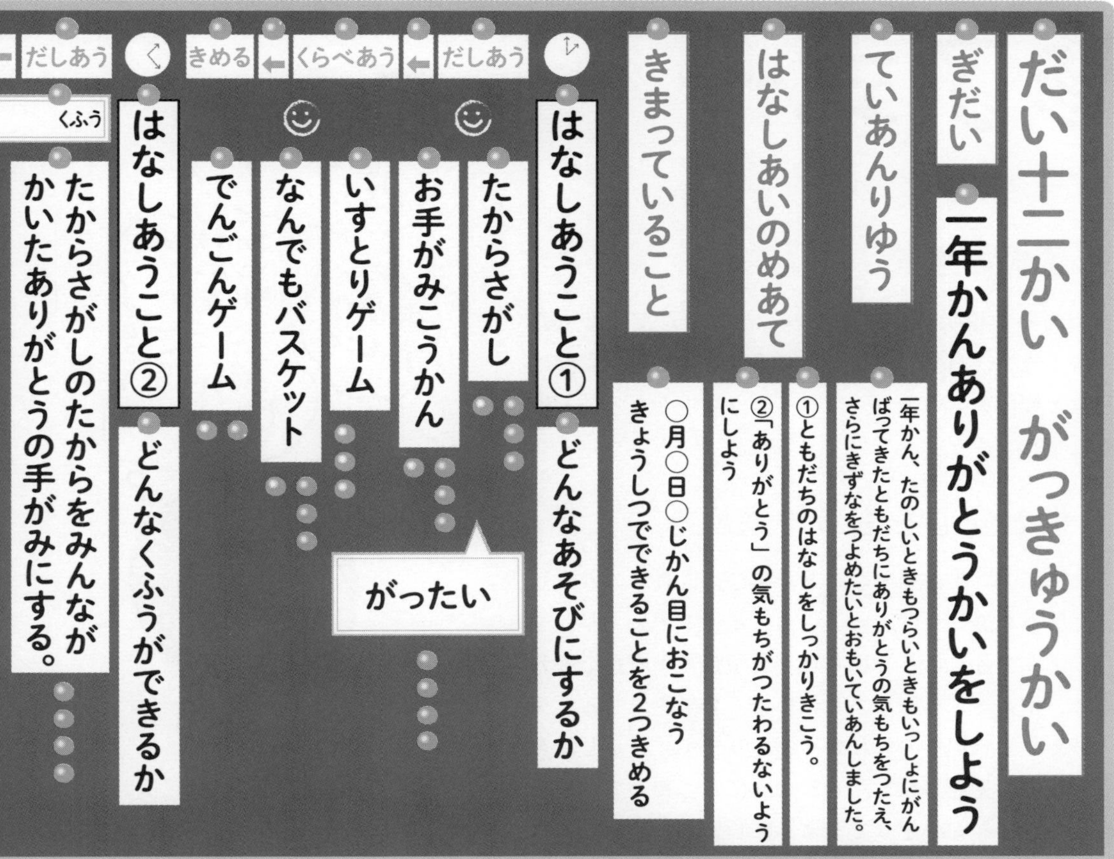

※黒板上で意見を分類・整理しやすいよう、短冊状の紙に文字を書いて貼っています。

03 年度末におすすめの活動②

思い出バスケット

① 椅子を円になるように並べて座る。
② 椅子を１つ抜き、１人が中央に立つ。
③ 中央の１人が、１年間の思い出や学級に関わるお題を出す。「１年間が楽しかった人？」「運動会頑張って踊れた人？」「体育が一番好きな人？」など。
④ お題に当てはまる人だけが立ち上がり、椅子を移動する。
⑤ 繰り返し行う。

注意点

「３回アウトで罰ゲーム」のルールは、精神的に追い詰められる子どもが多くおすすめできません。「その都度みんなに感謝の言葉を伝える」のは、めあてに沿っているのでよいです。

04 振り返りをする

「遊んで終わり」にならないように活動を振り返り、成長を確かめましょう。

自分の反省

① みんなに、ありがとうを伝えることができましたか。（めあての振り返り）
② 自分の役割に一生懸命取り組めましたか。

学級の反省

① 頑張っていた友達の名前と行動を書きましょう。
② 学級の絆は強まりましたか。

１年生での経験を生かし、今後も学びのあるお楽しみ会を計画してほしいと思います。

修了式

修了式の意義

１年間の学校生活から多くのことを学んだ子どもたち。修了式を、自分の成長を自ら自覚し、２年生に向けた意欲と期待をもつことができるような場となるように計画しましょう。

自信と安心をもって進級を

ここまで１年生は様々なことを学び、成長してきました。春休みを過ごせば、いよいよ２年生です。１年間を通して学んできたことを振り返り、頑張りや成長を存分に認め、讃えるようにします。また、２年生になるとクラス替えや学級担任の入れ替えがあります。こうした変化に対しても見通しをもたせるようにし、初めての進級に対して自信と安心をもてるようにしましょう。

修了式の４つのポイント

01 １年間の振り返り

１年間で学んだ様々なことについて、じっくりと振り返る時間をとります。撮りためた写真をスライドショーなどにして提示するのもよいでしょう。１年生としてもっとも頑張ったこと、できるようになったこと、楽しかったことなどを言語化することによって、自分の成長を見つめ直す時間を確保します。

教師は一人一人の振り返りに対して丁寧にフィードバックをし、課題や反省点については、２年生に向けての内発的動機付けにつなげるような声かけを行うようにしましょう。

02 進級の見通しをもたせる

１年生の子どもたちにとって、初めての進級となります。複数のクラスがある学校では、ここでクラス替えがあったり、担任が２年生で変更になったりします。こうしたことについても子どもたちには事前に丁寧に説明をし、進級への見通しをもたせるようにしましょう。

特に、２年生を受け持つ新しい担任の先生とは学級経営の方針が異なることが予想されます。「どんな先生になったとしても、みんなは頑張れるよ」と、励ましの言葉で送り出しましょう。

03 感謝の気持ちを伝える

1年生とここまで1年間過ごすことができたのは、子どもたちの頑張りがあってこそなのではないでしょうか。このメンバーで1年生という時間を過ごす最後の時間、子どもたちへの感謝の気持ちを伝えましょう。

言葉でもよいですし、一人一人にメッセージカードを用意するのも一考です。また、学級通信などで保護者への感謝の気持ちも伝えるようにしましょう。その際には、子どもたちの成長が伝わるような文面を意識するとよいでしょう。

04 不安に思うことの素晴らしさ

人間は「不安」に非常に敏感です。そのため、教師はなるべく子どもたちに不安を抱かせないようにありとあらゆる手だてを講じます。一方、不安に思うという思考自体は、人間らしい大変高度な感情です。

これまで一生懸命頑張ってきた結果として「安心」があるのです。不安に思うということは、これまで頑張ってきたという証です。「2年生でも絶対に頑張れるよ」と、不安を安心へと転換してあげるようにしましょう。

編著者・執筆者紹介

所属は令和５年２月現在

【編著者】

熱海　康太（あつみ　こうた）

小学校教諭。主な著書に『学級通信にも使える！子どもに伝えたいお話100』『伝わり方が劇的に変わる！６つの声を意識した声かけ50』（東洋館出版社）、『「明るさ」「おだやかさ」「自立心」が育つ　自己肯定感が高まる声かけ』（CCCメディアハウス）、『学級経営と授業で大切なことは、ふくろうのぬいぐるみが教えてくれた』（黎明書房）、『駆け出し教師のための鬼速成長メソッド』（明治図書出版）、『こどもモヤモヤ解決BOOK　もふもふ動物に癒やされながら、みんなの悩みをスッキリさせる159のヒント』（えほんの杜）などがある。

【執筆者】（執筆順）

熱海　康太

p.1/8-19

菊池　崇徳（きくち　たかのり）　神奈川・愛川町立中津第二小学校

p.22-23/32-33/46-47/50-51/66-69/82-85/94-95/128-129/132-133/138-139/152-153/162-163/200-201

菊池　義和（きくち　よしかず）　神奈川・厚木市立清水小学校

p.24-29/34-35/40-41/48-49/58-59/76-77/80-81/88-89/118-119/122-123/158-159/160-161/184-185

清野　光章（せいの　みつあき）　神奈川・厚木市立妻田小学校

p.30-31/56-57/60-61/74-75/104-109/142-143/150-151/166-167/168-169/170-171/182-183/188-189/198-199

神保　勇児（じんぼ　ゆうじ）　東京学芸大学附属大泉小学校

p.36-39/54-55/64-65/72-73/96-97/100-101/112-113/124-127/146-147/172-175/178-179/190-191

都筑　圭佑（つづき　けいすけ）　学校法人桐蔭学園　桐蔭学園小学校

p.42-45/70-71/86-87/102-103/114-115/130-131/136-137/148-149/154-155/164-165/186-187/192-197

前田　健太（まえだ　けんた）　慶應義塾横浜初等部

p.52-53/62-63/78-79/90-93/98-99/110-111/116-117/120-121/134-135/140-141/144-145/156-157/176-177/180-181

イラストで見る
全活動・全行事の学級経営のすべて
小学校1年

2023年（令和5年）3月20日　初版第1刷発行

編著者：熱海　康太
発行者：錦織　圭之介
発行所：株式会社東洋館出版社
〒101-0054　東京都千代田区神田錦町2丁目9番1号
コンフォール安田ビル2階
代　表　電話03-6778-4343　FAX03-5281-8091
営業部　電話03-6778-7278　FAX03-5281-8092
振　替　00180-7-96823
URL　https://www.toyokan.co.jp

装丁デザイン：小口翔平＋須貝美咲（tobufune）
本文デザイン・組版：株式会社明昌堂
イラスト：成瀬瞳
印刷・製本：株式会社シナノ

ISBN978-4-491-05123-9　Printed in Japan